レンズが撮らえた F・ベアトの幕末

山川出版社

目次

レンズが撮らえた　F・ベアトの幕末

カラー特集

酒匂川の蓮台渡し（東京都写真美術館蔵）

＊本書に収録した写真は、原則として所蔵元の題名で掲載した。

編集協力／有限会社リゲル社　松井 久　飯田 彩

F・ベアト写真アルバム

御高祖頭巾の女性（日本大学芸術学部蔵）
御高祖頭巾をかぶり、蛇の目傘を手に持っている。冬の外出姿を紹介しようと演出して撮影。

蛇目傘を差す女性（日本大学芸術学部蔵）

蛇目傘は、竹材と油や柿渋で防水加工した紙で作られ、傘を開いて上から見た際に蛇の目模様に見える。

侍の旅姿（日本大学芸術学部蔵）

このスタイルは渡世人のイメージがあるが、江戸時代に飛脚が江戸・京都・大坂を毎月３度往復したことを三度飛脚と呼び、飛脚が被っていたことで三度笠の名がついた。当時、三度笠に合羽と刀が旅のスタイルであった。

商人（日本大学芸術学部蔵）
眼鏡をかけ算盤を手に持つショウジロウという名の商人。この商人の算盤の腕にベアトは驚かされたという。

刺青をした別当または馬丁（日本大学芸術学部蔵）
江戸時代、刺青は男気を示すものとして入れられ、博徒・火消し・鳶・飛脚など肌を露出する職業で多く見られた。しかし明治５年（1872）、太政官令で入れ墨を入れる行為は禁止された。

刺青をした二人の人足（横浜美術館蔵）
背中から足にかけて、ほぼ全身に刺青が入れられている。

若い女性の楽団（日本大学芸術学部蔵）
写真左より若い女性の三味線・琵琶・歌い手・琴。

琴を弾く（日本大学芸術学部蔵）
女性が箱火鉢の横で琴を弾いている。

女性たちの散歩（日本大学芸術学部蔵）

三味線の調弦をする女性（日本大学芸術学部蔵）

三味線の調弦方法は複数あり、演奏者は曲により、曲の初めや曲の途中で調弦をしている。

化粧品を使う女性（横浜開港資料館蔵）
当時の西洋人から見て、日本の女性が首にまで化粧をすることが珍しかった。

宴会（日本大学芸術学部蔵）
酒に肴、琴に三味線、踊りに煙管と宴会風景を演出している。

寝姿（日本大学芸術学部蔵）
ベアトはこの写真で日本の寝具・枕・行灯などの説明をしている。

魚屋（横浜開港資料館蔵）

魚屋が店先で魚をさばいている。店の軒先には鮭や鱈などの干物が吊るされている。

飛脚（横浜開港資料館蔵）

「大坂行き　江戸より」の文字を書いた手紙を竹棒の先につけている上半身裸の飛脚。

街頭の飲食物の屋台（横浜開港資料館蔵）

甘酒売り（日本大学芸術学部蔵）

甘酒は飯と米麹で作る発酵飲料である。江戸時代の甘酒売りは主に棒手振（行商人・屋台）の人々が、天秤棒で荷箱を担ぎ売り歩いた。写真手前の火種の箱には甘酒の入った釜を乗せ、後ろの箱には茶碗などが入っていた。

米屋の風景（日本大学芸術学部蔵）
米屋の店先では、脱穀やもちつきの道具を並べて米屋を演出している。

村の渡し舟（日本大学芸術学部蔵）

大きな荷物を乗せ、船頭を入れて19人もの人が乗っている。中央の茅葺き屋根の民家、ゆっくりと流れる川、長閑な村の風景がある。

甲冑を着けた武士（長崎大学附属図書館蔵）
幕府歩兵隊連隊長・窪田鎮章（くぼた　しげあき）。通称・泉太郎。西洋式歩兵の編成を進め、鳥羽・伏見の戦いでは、幕府歩兵隊の第 12 連隊の隊長としてこの姿で指揮をとっていた。この戦いの怪我がもとで大坂に下る船の中で死去した。写真には足下後ろに体を固定するための首押さえの基部が写っている。

護衛の士官（横浜開港資料館蔵）
富士登山のオランダ総領事ポルスブルック一行を警護するため同行した武士たち。

若い侍たち（国際日本文化研究センター蔵）
戊辰戦争のころに写された薩摩藩の若い侍たち。軍服姿の者も混じっている。

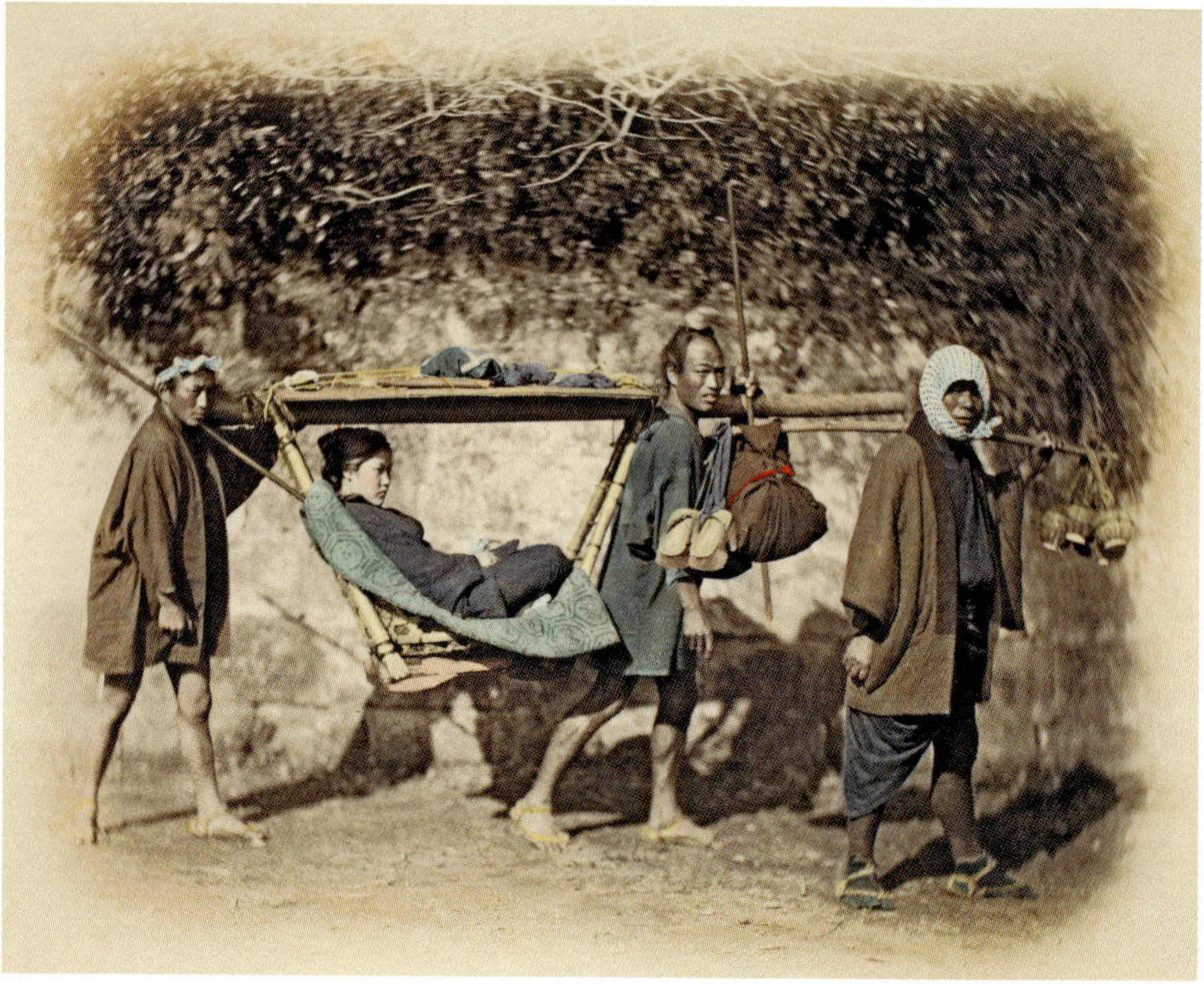

駕籠かき（日本大学芸術学部蔵）
山道などの難所は、３人で交代して駕籠を担いだ。

乗り物（日本大学芸術学部蔵）
周りを網代で囲ってあり、比較的立派な乗り物である。

人力車でお出かけ（放送大学附属図書館蔵）

御高祖頭巾の女性とお供の女性が、人力車に乗って出かけようとしている情景か。駕籠に代わって人力車が乗り物として普及したのが明治時代である。車輪は木製で、座席の後ろには折畳み式の覆いがつけられ雨や日差し避けとした。

人力車（日本大学芸術学部蔵）

人力車の発明者は諸説あるが、明治以降には日本製の人力車が東南アジアに輸出され莫大な利益を得た者もいた。

鶴岡八幡宮若宮殿（横浜美術館蔵）

写真は鎌倉の鶴岡八幡宮若宮殿（右）と神楽殿（左）。神楽殿の階段に3人の西洋人が座っている。

土方（放送大学附属図書館蔵）

傘に蓑、蓑と笠、モッコ棒、バッチョ笠に縄目のモッコと担げ棒を持った工事作業員と思われる。モッコ棒は二人一組で大きな石などを運ぶときに使う道具。藁蓑の下に胸当袢纏を着ているのは、作業組の人思われる。

日本の床屋と髪結い（横浜美術館蔵）

左の男性は顎髭を剃ってもらい、右の男性は丁髷を結ってもらっている。４人の人物の左右に床屋の道具を入れる道具箱が置かれている。

F・ベアトの見た幕末の日本

お高祖頭巾の女性（長崎大学附属図書館蔵）

フェリーチェ・ベアトについて

高橋則英（日本大学芸術学部写真学科 教授）

By Courtesy of Old Japan Picture Library

F・ベアト
イギリス領コルフ島出身。報道写真家。日本では元治元年（1864）下関戦争に従軍。文久三年（1863）～明治17年（1884）まで日本に在住した。

●幕末の写真師たち

フェリーチェ・ベアト（Felice Beato 一八三四～一九〇九）は、過去には永くその正体が明らかでない写真家であった。撮影した写真の多くは古くから知られていたにもかかわらずである。

例えば大正十四年（一九二五）に、フランスのニエプスの写真発明を記念して刊行された『アサヒグラフ臨時増刊 寫眞百年祭記念號』には、下関戦争の写真として現在もよく知られる「文久三年赤間ヶ関を占領せる英兵と其砲塁」（206～207ページ参照）や、江戸市中の「江戸有馬屋敷」（86ページ参照）「江戸薩摩屋敷（三田綱坂島原藩下屋敷）（左ページ）」、東海道の一枚「慶応元年ころの東海道かけ茶屋（生麦事件の現場）」が掲載されている。しかし、いずれもベアトという写真家名すら示されておらず、〝外国人の撮影せるもの〟とされている。

これらベアトの写真はいうまでもなく歴史的な価値が高いものである。米国ペリー艦隊の来航により日米和親条約が結ばれ開国するのは安政元年（一八五四）のことである。そして攘夷の動きに与していた長州藩は元治元年（一八六四）八月、英・米・仏・蘭の四カ国連合艦隊と放火を交えることになる。この下関

島原藩下屋敷（放送大学附属図書館蔵）
右の長屋は肥前島原藩松平家中屋敷。坂上の右の木柵あたりが伊予松山藩松平家中屋敷、坂の左が陸奥会津藩松平家下屋敷。現在は慶応義塾大学・イタリア大使館・綱町三井倶楽部の敷地となっている。

戦争によって、長州藩は軍事力による外国との対峙は無理であることを知り、同様に英艦隊との交戦によって方針を変えた薩摩藩とともに倒幕へと向かう。これが幕末維新の流れを大きく変える転換点となったのであるが、ベアトの写真は日本の近代化を決定づけた歴史の重大事件の渦中で撮影された大変に貴重な画像といえよう。

また江戸市中や東海道の写真は、近代化以前の日本の原風景ともいうべき様子を克明にわれわれに伝えてくれる。愛宕山からのパノラマ（70〜73ページ参照）や、大名屋敷の周辺、外国領事館になった寺社（95ページ参照）、また東海道の眺め等々。現在われわれが江戸の街や東海道の様子を、少しでもリアリティをもってイメージすることができるとしたら、それはベアトの写真のお蔭であろう。それらは、まさに江戸のタイムカプセルといってよい写真群なのである。

近年では多くのことが知られるようになってきたものの、このような重要な仕事を行った写真家の事歴が永く不明であったのは不思議なこ

生麦事件の現場（厚木市郷土資料館蔵）
文久2年(1862) 8月21日に起こった、生麦事件の現場（薩摩藩主名代島津久光の一行400人の行列に騎馬のイギリス人4人行きあいリチャードソンが殺害された現場）東海道生麦村、現在の横浜市鶴見区生麦をベアトが撮影したものである。

とでもある。

フェリーチェ・ベアトは一八三四年、当時イギリス領であったイオニア海のコルフ島（現ギリシア領）の出身である。一八二五年にイタリアのヴェネチアに生まれたとする説もあるが、いずれにしてもイタリア系の血筋であった。ベアトの姉妹マリアはコンスタンティノープルでイギリスの写真家ジェームス・ロバートソンと結婚することになる。その関係で、オスマン帝国造幣局の主任彫刻師を務めていたロバートソンからベアトと兄のアントニオは写真の技術を学んだのであろうと考えられている。技術的に優れたベアトの写真を見ると、ロバートソンは高い写真の技術をもっていたことが伺われる。

そして一八五五年、ロバートソンがクリミア戦争に従軍することになり、ベアトも助手としてクリミアに赴き撮影を行うことになる。一八五三年に勃発したクリミア戦争は、初めて本格的に写真で記録された戦争として知られている。イギリスの写真家ロジャー・フェントンが従軍撮影した写真が有名であるが、フェントンがコレラにかかり帰国することになり、ロ

愛宕神社の鳥居（日本大学芸術学部蔵）
中央の鳥居をくぐって登る石段が男坂、右の緩やかな石段が女坂。当時は石段を登り切った愛宕山からは江戸湾（東京湾）が見渡せた。

バートソンがその代わりとして従軍したものである。

　ロバートソンとベアト兄弟はその後パレスチナやエジプトで撮影を行っている。一八五七年にはロバートソンがインドにおけるイギリス軍の公式写真家となり、ベアトも一八五八年にインドに赴き、セポイの反乱と呼ばれたインド大反乱の戦跡を撮影することになる。

　インドでベアトはカウンポールやラクナウの暴動の現場を撮影した。ラクナウのイマームバーラー大聖堂から撮影したパノラマ写真は見事なものであるが、ここでベアトは戦争の残虐さをリアルに伝える写真を撮影している。シカンダルバーグ宮殿で虐殺されたインド人の傭兵セポイ数百人の人骨が散乱する光景や、絞首刑にされたセポイなどの写真である。フェントンが撮影したクリミア戦争の写真には、ヴィクトリア朝上流階層のモラルに倣って戦死者の姿は写されていないが、ベアトの写真からは植民地での反乱鎮圧の実態が伝わってくる。

　ベアトはその後一八六〇年には、アロー戦争ともいわれる第二次アヘン戦争の撮影をすべ

江戸城内堀（日本大学芸術学部蔵）
外桜田門の西から麹町・半蔵門方面を望む。明治4年（1871）に撤去された半蔵門の渡り櫓が見える。この半蔵門内は、江戸時代には吹上御庭と呼ばれており、現在は吹上御苑と呼ばれ御所・吹上大宮御所などがある。

増上寺（日本大学芸術学部蔵）
元和８年（1622）建立の増上寺三門「三解脱門」。江戸時代初期の木造建造物は都内には少なく、国の重要文化財となっている。

く、イギリス軍司令官サー・ホープ・グラントとともに中国に渡ることになる。そしてここでもベアトは、北京の紫禁城の見事なパノラマ写真などを撮影しているが、北京南東の大沽砦の戦いでは、戦闘後に死体が散乱する城壁の内部など、戦争のリアリティーを伝える写真を撮影している。アメリカの南北戦争以前であり、おそらくベアトは戦争による死体を最初に撮影した写真家であろう。

　このような経歴を考えると、ベアトはいくつもの国際的な戦争や紛争を取材していった最初の戦争写真家ということができる。戦争写真家としては、前述のクリミア戦争を撮影したフェントンや、アメリカのマシュー・ブラディによって組織され南北戦争の従軍撮影を行ったティモシー・オサリヴァン、アレクサンダー・ガードナーらの名前がよく知られている。しかし近年、ベアトの写真家としての経歴やその撮影した写真が次第に明らかになるにつれ、写真史上これまでよく知られてきたそれらの写真家にもまして、ベアトは多くの戦争をその優れた目によって撮影した写真家として位置づけることができ

富士山（日本大学芸術学部蔵）
静岡県駿東郡小山町須走あたりから撮影されたと思われる。

るようになったのである。

このように、すでに戦争写真家としての十分な経験と実績をもったベアトが日本へやってきたのは文久三年（一八六三）の春ごろである。

来日してすぐにベアトは、エメェ・アンベール率いるスイス外交使節団の江戸市中視察行に同行して撮影を行っている。その後、横浜外国人居留地にスタジオを構えて活動を始めるのであるが、これは『イラストレイテッド・ロンドン・ニューズ』の特派員で画家であるチャールズ・ワーグマンと共同経営であった。ベアトは中国でワーグマンと知り合い、ワーグマンは文久元年（一八六一）、ひと足先に来日していたのである。元治元年（一八六四）の下関戦争の際もワーグマンとともに従軍している。

日本での撮影はどこでも自由に行うということはできず、開港地から十里四方に設けられた外国人の遊歩区域が主な撮影場所であった。横浜や、同じ開港地である長崎で多くの撮影を行っている。また前述のように、外交使節団とともに行動することで遊歩区域外の撮影を行うことができた。慶応三年（一八六七）にはオラ

長崎出島間の石橋（日本大学芸術学部蔵）
タイトルには長崎と出島間の石橋となっているが、中島川に架かる眼鏡橋である。

ンダ総領事ポルスブルック一行の富士登山に同行し、箱根や富士吉田での撮影もしている。

この時期ベアトは日本各地で、外交筋からのの依頼や海外の新聞への寄稿などのため精力的に撮影を行っている。ベアト以前にも、日本には安政六年（一八五九）の横浜、長崎の開港以来、外国人写真家が訪れて撮影を行っている。しかし、それらの写真家は比較的短期間の日本滞在であったたし、それほど多くの写真を残してはいない。ベアトのように大判の原板で確かな技術により、幕末の記録を行った写真家はほかにいないといってよい。

ベアトの写真の素晴らしさは、優れた技術によって江戸期の日本の様子を数多く現在に伝えている点である。

ベアトが日本で撮影に使ったのは十九世紀後半の標準的な技法であった湿板写真である。これは、工業生産された近代的な感光材料である乾板が出現する以前の技法で、写真家が自分で感光板を作らなくてはならなかった。湿板写真法では、撮影の現場でガラス板を支持体とした感光板を自製し、感光板が薬品で濡れたまま撮

宮ヶ瀬（日本大学芸術学部蔵）
128ページの宮ヶ瀬の風景と同じ場所を撮影している。この写真では向かいの建物の窓は閉まっている。

影し、さらに撮影直後に現像もしなければならないのである。幕末には攘夷思想をもった武士も多く、撮影中に生命の危険もあるような状況でもあった。それを考え合わせると、よくこれだけの写真が写せたと驚きの念を禁じえない。戦争の写真も当然、戦闘中の写真撮影は困難である。また感光度も低く、動きのある対象の撮影も難しい。したがって戦争の写真は戦闘後の様子、戦跡を撮影することになる。ベアトの下関戦争の写真も戦闘後の様子を撮っているのであるが、多数の士官や兵士たちを配して撮影することは豊富な経験と高い技術をもっていないと撮影ができないものである。二十世紀の近代的な機材による戦争の記録と比較しても遜色なく、十分に戦争のリアルさを伝える写真ではないだろうか。

ベアトについてはまだ不明な点が多いのであるが、撮影の技術もその一つである。ベアトは一八八六年にロンドンで行った講演のなかで、自身の考案した卵白による乾式撮影の技法について解説している。この技法で製作した感光板は永く保存することができるが、感度が低く当

魚売り（日本大学芸術学部蔵）
天秤棒で魚を担ぎ行商した。

初は長い露光時間が必要であった。しかし現像を数時間行う方法を発見してからは、十分な光のもとでは風景などを四秒程度の露出時間で撮影ができたという。このような技法が日本で使われたのかどうかの考証も今後の研究の課題であろう。

ベアトはまた、各地の景観の撮影を行うとともに、日本のさまざまな階層、職業の人々の風俗も撮影している。明治元年（一八六八）ころからベアトは、これら風俗の写真を焼き付けた鶏卵紙の印画に日本人絵師により手彩色を施すようになる。そして風景や建造物の景観の写真と合わせ、横浜の英軍士官マレーによる英文解説を添えて仕立てた大判のアルバム（写真帖）の販売を始めるようになる。「VIEWS OF JAPAN」や「JAPAN」と題されたこれら日本写真帖は、横浜を訪れた外国人たちの人気を博したのである。この時期ベアトの助手を務め、後に独立する日下部金兵衛をはじめ、手彩色による写真のアルバムは後に日本人写真師も制作するようになる。このような外国人向けの土産写真、いわゆる横浜写真は明治半ばに全盛を迎えることになるが、ベアトはその先駆をなす仕事を行っているのである。

これらのアルバムに収録されたベアトの代表的な写真は、ほとんどが幕末に撮影されたものである。明治四年（一八七一）には、米国籍商船の拿捕や乗員殺害への報復のため朝鮮へ遠征するアメリカ艦隊の写真家として従軍撮影をすることになった。しかし、ベアトは明治に入ってからは以前のように積極的な撮影活動は行っていない。それまでに撮影した写真やアルバムの販売を主に行うとともに、不動産や貿易などさまざまな事業や相場などに手を染めるようになるのである。

その後、ベアトは明治十年（一八七七）には、スタジオを建物やネガなども含めてスティルフリート&アンデルセンに売却し、写真から離れ、投機的な事業に専念することになる。そして洋銀相場や米相場で大きな損失を出して財産を失い、明治十七年（一八八四）に二十年余り過ごした日本を離れることになるのである。

このような経歴を見ると、ベアトという写真家には波乱万丈という言葉がふさわしいと思わ

東海道（日本大学芸術学部蔵）
東海道沿いの松並木と藁葺きの家々。

れる。クリミア戦争以来、イギリスの軍事行動とともに写真の対象を求めて、近東から極東へと移動して大英帝国の植民地の紛争を撮影し、その後日本にやってきたのである。日本では下関戦争を撮影し、また日本滞在中には辛《しん》未《み》洋《よう》擾《じょう》と呼ばれた朝鮮での事件を撮影している。まさに戦争の申し子ともいうべき経歴である。

活動した場所が広範囲で、後年には写真から離れたことなどもあり、これまでベアトの業績は写真史のなかに埋没していたようである。しかしその仕事や経歴などが次第にわかってくると、ベアトはまた十九世紀のもっとも優れて活動的な報道写真家であったことがわかるのである。

ベアトについてはまだ謎に包まれていることも多い。しかし未だその全容は明らかではないとはいえ、ベアトという優れた写真家の仕事は歴史のなかで光彩を放っている。とくに日本においては、その写真は近代化以前の原風景を伝える画像として貴重である。日本の初期写真史のなかでベアトの果たした役割は極めて大きなものであったということができるであろう。

増上寺水盤舎（日本大学芸術学部蔵）
水盤舎は勅匠門の内側に2棟配置されていた。写真手前はそのうちの1棟で10本の幅・奥行きが3・56メートル×5・34メートルの石組みの柱の中央に、参拝の前に手を浄める水盤が置かれていた。

増上寺（日本大学芸術学部蔵）
霊廟の拝殿か。

増上寺（日本大学芸術学部蔵）
増上寺有章院霊廟の建物の右部分。昭和 20（1945）年 3 月 10 日の東京大空襲により焼失。

増上寺有章院霊廟門（日本大学芸術学部蔵）
芝増上寺有章院霊廟門の正面上部には中御門帝の宸筆額「有章院」が掲げられていた。建物は竜の彫刻など豪華な彫り物で飾られていた。

箱根旧街道（日本大学芸術学部蔵）

山深い峠道のように見えるが、石畳が敷かれ整備されていたようだ。近くの湯治場に荷物を運ぶ強力と少女が倒木で休んでいる。

箱根神社参道（日本大学芸術学部蔵）
階段の中ほどに２人の武士の姿。武士の姿を除けば両脇の杉並木は、現在もあまり変わっていない。

東海道（日本大学芸術学部蔵）

東海道の小田原市上板橋あたりから、写したもののようで左に早川の流れ、正面に風祭方面を望む。

箱根湯本の三枚橋（日本大学芸術学部蔵）
早川の流れと箱根湯本の三枚橋。

富士吉田からの富士山（日本大学芸術学部蔵）

井戸（日本大学芸術学部蔵）
井戸で水汲みをする若い女性。

役人の礼装（日本大学芸術学部蔵）

役人の礼装とは、家紋を４ヵ所に入れた肩衣と同じ生地で作った袴（裃）を小袖の上から着用し、２本の刀を挿した姿。

役人の奥方（日本大学芸術学部蔵）
きっちりと結った髪に２本のかんざしを挿し、着物の裾を手に持って外出するように見える。

女性（日本大学芸術学部蔵）
半襟2枚をゆったりと皺を寄せて着ているのが印象的である。

煙草盆と女性（日本大学芸術学部蔵）
煙草を吸うのか煙草盆を煙管で引き寄せている。煙草盆には火入れ、灰落し、煙草入れ、煙管、灰吹など喫煙道具一式が入っている。

子供を背負う女性
（日本大学芸術学部蔵）

お茶屋の娘（日本大学芸術学部蔵）
前掛けを着け、湯のみと急須を持って立っている娘。お茶屋の給仕係であろうか。

二人の僧侶（日本大学芸術学部蔵）
若い僧侶。

フェリーチェ・ベアトの生涯

三井圭司（東京都写真美術館学芸員）

●F・ベアトの生い立ち

フェリーチェ・ベアト（Felice Beato）は、一九世紀のアジアを中心に活動した写真家である。彼は長い間、ヴェネチア生まれで英国に帰化したイタリア人と考えられており、生年も一八二五年といわれていた。これに対して二〇〇一年の論考[1]によって、当時イギリス領であったコルフ島（現・ギリシア領キルケラ島）で一八三四年に生まれ、一八四四年からコンスタンティノープル（現イスタンブール）で育ったことが判明した[2]。

彼の写真習得の方法と明確な時期については、未だ霧の彼方にあると考えるべきであり、明確な記述を発見することはできない。しかし、一八五五年にベアトの姉妹レオニルダ・マリア・マチルダがスコットランド人写真家ジェームス・ロバートソン（一八一三〜一八八八）と結婚することに大きな原因があることは明白である。ロバートソンは、一八四四年に印刷技師としてオスマン帝国造幣局に監督として雇われた人物であるとともに、結婚と同時期にコンスタンティノープルで欧米化が進んでいたペラ（現ガルダ）地区で最初期に写真館を開業している。ベアトと兄のアントニオは一八五〇年代前半にロバートソンから写真の技術を学んだと考えら

カウンポール（横浜美術館蔵）
1858年インドでの撮影。カウンポールの正面から撮ったベイリー護衛門。

れている。ベアト兄弟は、マルタ島やコンスタンティノープルで制作した写真において、ロバートソンと連名で署名している[3]。

そして一八五五年の晩夏、ロバートソンはコレラによって後退を余儀なくされたロジャー・フェントン（一八一九～一八六九）に代わって、クリミア戦争に写真家として従軍することになった。が、明確な記述は見つけられていないが、このときすでにフェリーチェも助手としてクリミアに赴き撮影を行ったと考えられ、翌一八五六年に撮影された多くはフェリーチェが単独で撮影したものであることがわかっている[4]。この年、二二歳でフェリーチェは戦場写真家としてのキャリアをスタートした。このときの成功は、後の彼の人生に大きな影響を与えたと考えられる。

翌一八五七年、ロバートソンとベアト兄弟は中東へ撮影旅行に出かけ、ロバートソン、ベアト共同会社の署名で『エルサレムとその近郊の景観の描写』（Series of Views of Jerusalem and Its Environs, Exceuted by Robertson and Beato of Constantinople）を発行している。これがベ

インドのラクナウの教会（日本大学芸術学部蔵）
1858年インドでの撮影。

アト兄弟にとって初の刊行物となる。一八五八年、ベアト兄弟はインドに向かった。フェリーチェは同地で、前年に起こったインド大反乱（第一次インド独立戦争）を知る。ここでフェリーチェは、戦争をリアルに伝える写真をいかに撮影するかに腐心している。一八五七年十一月にシカンダルバーグ宮殿で起こった凄惨な戦地の状況を写真にするため、廃墟となった宮殿を撮影するだけに留まらず、人骨を前面に配することによってこれを表現したのである。一方、兄のアントニオはカルカッタ（現コルカタ）で写真館を開業し、フェリーチェの写真の販売も行った。一八五九年の『ロンドン写真協会ジャーナル』誌には、インドのラクナウにおけるフェリーチェ・ベアトが撮影した写真を評して以下のような言葉が掲載されている。

> こうした見事な写真は、実のところ、このおぞましい戦争の絵画的ロマンを提供してくれる。これらは、同時代人たちが言うように、今、戦争を理解するために必要であるし、未来の軍事歴史家にとってなくてはならないものになるであろう。

スーザン・ソンタグは『他者の苦痛へのまなざし』において、これを引用したうえで、こう続ける。「一八三九年、カメラが発明されて以来、写真はいつも死と連れ立っていた。」[5] ソンタグの言葉と彼女の引用は、三〇歳に満たないフェリーチェの写真が当時いかに高い評価を与えられ、そしてそれが二〇世紀の視点から写真の歴史を翻って重要な地位を占めていることを明確に物語っている。ただし、フェリーチェはインドで凄惨さを強調する写真だけを撮影していたわけではない。この地で彼は新たな領域へ歩を進めている。肖像写真である。これらはイギリス人将官だけに留まらず、現地のサーバントたちも含まれている。依頼によって制作された可能性も指摘されるが、この一歩が彼の写真家と

インド総督代理公邸ラクナウ（日本大学芸術学部蔵）
ラクナウはインド北部、ガンジス川支流沿いにあるウッタル - プラデシュ州の州都である。ベアトはこのラクナウにあるインド総督代理公邸を 1857 年に撮影したものか。

してのキャパシティを豊かなものにしていったことは事実である。

一八六〇年二月、第二次アヘン戦争最後の軍事司令官、イギリス軍サー・ホープ・グラントとともに中国へ向けて出帆。三月の中旬に香港へ到着した。まず、銃後の姿を捉えることから手がけた。これらは遺跡などの名所のほか、活気ある街区なども捉えている。この時フェリーチェが制作したパノラマ写真が香港で最古のパノラマ写真である。五月には、『イラストレイテッド・ロンドン・ニューズ』誌の特派員であるチャールズ・ワーグマン（一八三二～一八九一）と行動をともにして中国北部の軍事行動に同行する。八月の北京南東の大沽砦の戦いで戦闘後に死体が散乱する砦内部の写真を撮影した。これは戦死者を現場で最初に撮影した写真だと考えられている。このほか紫禁城のパノラマ写真や恭親王とイギリスの特派大使である八代目エルギン伯爵の肖像写真を制作している。翌年フェリーチェはイギリスと中国を行き来していた。[6] これに対して、ワーグマンはイギリス公使オールコックとともに来日し、高輪

フェリーチェの兄・アントニオ・ベアトが撮った遣欧使節団一行（横浜美術館蔵）
元治元年（1864）アントニオ・ベアト撮影。池田長発を正使とする遣欧使節団一行がエジプトのカイロのスフィンクス前で撮影した驚きの一枚。

の東善寺で水戸藩脱藩の攘夷派浪士有賀半弥ら一四名に急襲されている。この時ワーグマンが難を逃れていなければ、フェリーチェのその後にも大きな影響を与えていた。フェリーチェは一八六三年（文久三）の春ころにワーグマンを頼って横浜に上陸するからである。八月には、スイス全権大使エメ・アンベールの外交使節団が江戸市中をはじめとする日本国内旅行をした。フェリーチェはこれに同行することで外交特権を獲得し、外国人遊歩区域外の撮影を行っている。江戸の街並みを現在に伝えるものとして最も有名な「愛宕山から見た江戸のパノラマ」（70ページ参照）はこの時に制作されたと考えられる。[7] 翌年十月『イラストレイテッド・ロンドン・ニューズ』誌にも掲載されており、ひろがりをもった江戸の街並みはフェリーチェの写真を元にした木口木版によって初めて西洋社会に提示されたのである。

我々一行の一人がこの美しい眺めを撮影する準備していたら、二人の藩士が彼に近づいて来て作業の中止を要請した。我が友は、彼らに対してこの件について主命を質するように頼んだところ、すぐに戻ってきた彼らは、藩主は藩邸のいかなる場所も撮影することを禁じているという。ベアトは慎んでこれに従い、供の者に写真機を片づけさせた。彼らが一時その場を離れた隙に、この写真師が二枚のネガを撮影していたことは少しも疑うことなく、藩士たちは大いに満足して引き揚げていった。

（エメ・アンベール著／高橋邦太郎訳『幕末日本図絵・上』、新異国叢書14、雄松堂書店、一九六九年）。

これは先のエメ・アンベール使節が約十ヵ月間滞在するなかで集めた資料をもとに、帰国後の一九七〇年にフランスで出版した『ル・ジャポン・・イルストレ（Le Japon illustre）』に見られる記述である。これに続いて「その現場を目撃していた我々の護衛の日本人の役人たちは我が友の要領の良さについて口を揃えて称賛した」とあることからも、フェリーチェ・ベアトという人物の聡明さや機転がきく人物であった証としてしばしば引用されるエピソードである。[8] しかし、少しうがった見方をすれば、明

長崎の侍（横浜美術館蔵）
長崎への旅で撮った４人の武士の姿。

らかに二人の藩士を欺いていることは確かであり、彼が機転のきく人物であると同時に、二九歳という年齢にそぐわないほどの老練さで、ある程度の倫理性を飛び越えてでも写真を撮ろうとする彼の傾向を象徴しているとも言える。

翌一八六四年（元治元）には、ワーグマンと商業的なパートナーシップを結んで共同経営会社を居留地の二四番地に設立している。八月から十月に彼らは連合軍の公認アーティストとして下関戦争に従軍。フェリーチェは長州藩（現山口県）の前田砲台を占領する英国軍人の集合写真（206ページ参照）を撮影し、ワーグマンはこの戦況を絵画化している。この絵をフェリーチェが写真に撮り、ワーグマンの絵は複数プリントされて現存している。写真集などで現在一般的なこの方法を画家と写真家がタッグを組むことによって実現していたのである。

十一月には連れ立って丹沢山中や鎌倉へ撮影・スケッチ旅行に行っている。二十一日十一時ごろに江ノ島で出会ったボールドウィン少佐とバード中尉が、同日に鶴岡八幡宮前の四つ角で殺害される事件が起きており、ここで二人は危うく難を逃れている。

なお、この年にパリを訪れた池田遣欧使節（第二回遣欧使節）がスフィンクスの前で撮影された写真が残っている。この撮影者は、フェリーチェの兄アントニオである。彼らが何らかの連絡をとった結果、この撮影が成立したのかについての資料はまだ見つかっていない。この兄弟写真家が大海を越えて幕末日本の記憶を写真化している事実は興味深いといえるだろう。

一八六六（慶応二）年に起きた関内大火（豚屋火事）によって、共同経営会社は炎上してしまうが、彼らは本人だけでなく、ネガ原板を救い出すことにも成功したようである。

このような強運とも感じられるフェリーチェだが、彼自身は感じるところがあったのか、翌一八六七年（慶応三）にフリーメーソン横浜支部に入会している。十月から十二月にかけて助手の日下部金兵衛を連れて上海に短期滞在している。オランダ総領事ポルスブルック一行の富士登山に同行し、箱根や富士吉田での撮影を行ったのもこの年である。また、来日以来、各地の景観の撮影を行うだけでなく、日本のさまざまな階層、職業の人々の風俗も撮影していた。

一八六八年（明治元）、各地で捉えた景観写真とこれら風俗の写真に日本人絵師による手彩色を施した写真を貼付し、これにイギリス横浜駐屯軍の兵站将校J・W・マレー（James William Muray）による解説を加えた『Photographic Views of Japan By Signor F. Beato, with Historical and Descriptive Notes, Compiled from Authentic Sources; and Personal Obsevations during a Residence of Several Years（写真で見る日本：数年にわたる滞在に基づく知識と信頼できる情報源による歴史観で編纂された解説付き）』を刊行する。これこそ、明治中期の全盛期に至るなかで日本の輸出産品として多くの利益をもたらす横浜写真の元祖である。当然、フェリーチェ自身にも莫大な利益をもたらしたことは想像に難くない。

一八七一年（明治四）五月と六月には、アメリカ艦隊による朝鮮出兵（辛未洋擾《しんみようじょう》）の米軍公式写真家として従軍撮影を行った。このとき、遠征によって兵站の伸びた米国艦隊は朝鮮政府を屈服させることはできずに兵を引いた。しかし、フェリーチェが制作した四七枚の写真は、依頼者であるアメリカの意に沿った勝利を記念したものとして制作されている。ここでも倫理性を超越する彼の機転が功を奏し、彼の評判を国際的に高める結果となった。[9]

また、この帰路に台風直後の神戸・大阪を撮影し、京都市街の写真も制作している。翌年は東京・横浜間に開通した日本初の鉄道を撮影す

飽の浦の谷（長崎大学附属図書館蔵）
元治元年（1864）ころに長崎の飽の浦に流れる大日川の石橋と村人らしい人物を撮影したもの。

るなど、明治に入っても、撮影活動は行っている。しかし、一八七一年からフリーメーソン横浜支部の名簿の記載が「写真家」から「商人」へと変わっている。この前年の一八七〇年（明治三）、不動産投資を行い、脆弱な平屋の販売を始めて「ベアトの爪楊枝」とあだ名されたり、初代グランドホテルへの投資やブラフ庭園造園資金調達にも積極的にかかわろうとする。

このころから幕末期のような積極的な撮影活動が次第に鳴りをひそめ、投資家としての側面が顔を出しはじめたのである。このとき故郷であるコルフ島の現領主国であるギリシアの駐日総領事に任命され、グランドホテルの落成式にオーナーの一人として出席した。一八七三年（明治六）が、「商人」である彼のピークだったのだろう。

翌年も翌々年も金融取引にかかわる訴訟に巻き込まれて財政的に疲弊、事業が破綻する。一八七六年（明治九）にはグランドホテルが閉館する。一時は助手二人、日本人写真家四人、着彩絵師の日本人四人を抱えたスタジオの売却を一八七七年（明治十）一月二十三日に公示することになったのである。二月に写真事業に関する営業権、建物や倉庫、ネガなども含めて競合相手であったラムント・フォン・シュティルフリート（一八三九〜一九一一）とヘルマン・アンデルセンによるスティルフリート&アンデルセンが購入。翌年からはベアト商会として商工名鑑に掲載される。一八八〇年（明治十三）十二月、オフィスを焼失。一八八二年（明治十五）に師であり義兄弟でもあるジェームズ・ロバートソンが横浜に到着するも写真業へ帰ることはなく、一八八四年（明治十七）に洋銀相場への投機に失敗したことが日本におけるベアト商会へとどめを刺した。なお、ロバートソンは一八八八年（明治二十一）に横浜で死去しており、横浜の外国人墓地八区に埋葬されている。

一八八四年（明治十七）、事実上無一文となった五〇歳のフェリーチェは日本を離れ、上海、香港を経由して、エジプトに向かった。渡航費はすべて友人からの借財である。この地で、アングロ・エジプト・スーダン戦争の勃発を知った。

翌年、写真家としてのキャリアを再スタートするため、アフリカの戦地へ向かう。四月に

マンダレーのパゴダ群の中央パゴダ入り口（横浜美術館蔵）
マンダレーは、ミャンマー（ビルマ）のほぼ中央に位置し、イギリスに占領される前まではこの国最後の王朝が置かれていた古都。その古都にある多くのパゴダ（ミャンマー様式の仏塔で仏舎利や経文を納めてある）のクドードォ・パゴダに入る門。

現地入りした彼を待っていたのは、すでに主要な戦闘を終え、収束へと向かう戦況であった。

現地で撮影を行い[10]ながらも悲嘆に暮れたであろうフェリーチェは、過去の栄光に助けられる。クリミア戦争からの写真家としてのキャリアを知るガーネット・ウルズリー将軍（一八三三～一九一三）

マンダレーの葬列（横浜美術館蔵）

の遠征隊の記録をする依頼を受けたのである。これによって第一線に復帰したフェリーチェは一八八六年、ロンドン・地方写真協会で自らの写真技法に関する講演を行っている。[11]わずかな復権に安住することのない彼は、翌一八八七年にはビルマ（現ミャンマー）にいた。この地は三回にわたる戦争を経てわずか二年前に英国領となった場所であり、地理的にもインドに面していることや天然資源の豊かさから野心的な投機家から観光客に至るまで多くの欧米人にとって、このうえなく魅力的なロケーションであった。彼は手始めに北ビルマを回る撮影旅行に出る。一八八八年五月からは現地紙に名前をのぞかせるようになり、一八九三年には「ベアトに触れずして、マンダレーは語れない」[12]と言われるまでの地位を確立する。写真だけでなく、工芸品や民族衣装を商うスタジオをこの前年にマンダレーで開業したようである。[13]ラングーン（現ヤンゴン）に支店を持ち、国際的な通信販売を行うなど、事業を拡大させながら一九〇〇年ころまでこの地で活動を続けている。残念ながら、彼がこの地を離れた時期も理由もつまびらかになっていない。
アジアの戦地を駆け、幕末の動乱期を生き抜いた男が終焉の地に選んだのは、フィレンツェであった。一九〇九年一月二十九日、波瀾万丈の人生に幕が閉じられた。没後一〇〇年を越えた今でも、幕末の原風景を私たちが見ることができるのは、写真を撮ることに集中する剛胆さと戦地をくぐり抜けたからこそ裏付けられた写真技術の賜物といえるだろう。

註

1 John Clark, John Fraser, and Colin Osman, "A revised chronology of Felice(Felix) Beato", Japanese Exchenge in Art 1850s-1930s, by John Clark, Sydney, 2001. 参照

2 2009年に発見された死亡診断書に基づいて、1832年にイタリアのヴェネチアに生まれたとする説もあるが、これはコルフ島が1797年までヴェネチア共和国の統治下にあり、この年ナポレオンの遠征によって共和国が崩壊したことによって、仏軍と交戦していた英国領となっていることに端を発した誤解と考えるべきだろう。旧説も含め、ヴェネチア共和国とイタリアのヴェニスを取り違えたのではないだろうか。また、生年における2年間の差異も、既に死者となった人物について書かれた死亡診断書よりも、コンスタンティノープルの英国領事館の記録に基づいた「1844年にダヴィデ・ベアトは12歳のセバスティアーノと10歳のフェリーチェと共にこの地を訪れた。」という記述に信憑性が感じられる(この事実は、Colin Osman, "The Later Years of James Robertson," History of Photography 16 no.1 [spring 1992] においても明言されている)。また、大英図書館が所蔵するインドの英国領事館記録によると、1858年3月16日付の渡航記録にフェリーチェと2人の助手の記録があり、ここにはフェリーチェの年齢が24歳で生地がコルフと書かれている。(Sebastian Dobson 'I been to keep up my position' : Felice Beato in Japan 1863-1877『古写真研究』 第2号 [長崎大学、平成15年] を参照) なお、フェリーチェの兄としてここに記載されている「セバスティアーノ (Sebastiano)」については、フェリーチェの兄であり写真家のアントニオ (Antonio) と同一人物であるか、あるいは別の人物であるのかについては詳らかになっていない。現時点ではこれ以降セバスティアーノというフェリーチェ・ベアトの兄に関する記述を見つけることが出来ず、アントニオについては散見できるという点である。

3 Christine Downer, "Robertson and Beato in Malta," History of Photography 16 no.4 (winter 1992) および Margaret Harker, "Robertson and Beato in Malta," History of Photography 17 no.2 (summer 1993) 参照。

4 Luke Gartlan, "James Robertson and Felice Beato in the Crimea: Recent Findings," History of Photography 29 no.1 (spring 2005) 参照。

5 スーザン・ソンダグ著/北条文緒訳『他社の苦痛へのまなざし』(みすず書房、2003年) 参照。

6 Times の October 18, 1861号では、1面にフェリーチェがイギリスに滞在中であることを告げる記事が掲載されている。

7 この撮影時期については異説がある。『風景の記録 − 写真資料を考える −』(国立歴史民俗博物館、2011) を参照。

8 この時撮影されたとする1枚が現存しており、撮影対象は三田綱坂の有馬家上屋敷である。1868年 (慶応4) に戊辰戦争が始まると官軍側に転じたが、この時点で久留米藩は佐幕派である。果たして、スイス使節を護衛していた幕臣が心から彼を称賛したかは疑問が残る。もっとも、久留米藩は、後に二卿事件に関わるほど過激さを抱える藩である。大事にならないとは限らない。最悪の事態を避ける手際として称賛したことはあっただろう。

9 Harper' s Weekly の September 9, 1871号には、4点のフェリーチェ・ベアトによる辛未洋擾の写真を元にした図版が掲載されている。

10 スーダンで制作した写真50枚は英国立公文書館に所蔵されている。

11 2月18日に講演を行い、2月26日にこの記録が出版された。これまでもこれ以降も、フェリーチェは自らの写真技法に関して語ることはなく、この記録が彼の技術に関して知りうる唯一の資料である。

12 YEORAH, "Modern Mandalay," United Service Magazine, no.774, March 1893 (London, T. Chapman, 1893) 参照。

13 翌年の商工名鑑に「F. Beato, photographic studio, etc」と掲載されている。

日光東照宮唐門と拝殿（長崎大学附属図書館蔵）

〈幕末日本の風景〉

インド、中国の戦地を経て文久３年（1863）、フェリーチェ・ベアトは横浜に上陸した。エメ・アンベールをはじめとする外交交渉で来日した人々と行動をともにしたり、パートナーシップを結ぶ『イラストレイテッド・ロンドン・ニューズ』の特派員であるチャールズ・ワーグマンとの取材旅行などによって、幕末日本の「原風景」を撮影した。これらは確固たる技術に裏づけされた剛胆さと交渉能力、そして、新天地・日本を西欧社会へ伝えようという強い野心によって達成されたのである。

日光東照宮五重塔（長崎大学附属図書館蔵）
文政元年（1818）に小浜藩主酒井忠進により再建された五重塔は、塔の高さ約36メートルで朱色を基調とし組物、彫刻を極彩色で彩る豪勢な造りとなっている。

愛宕山から見た江戸のパノラマ（横浜開港資料館蔵）

愛宕山から見た江戸東方の風景（横浜開港資料館蔵）
上の写真の右のアップ。手前の長屋塀の中は越後長岡藩牧野家中屋敷、その先の遠くにみえる森が浜御殿。

愛宕山から見た江戸のパノラマ（横浜開港資料館蔵）

愛宕山から見た江戸北方の風景（横浜開港資料館蔵）
上の写真の左のアップ。左の建物は真福寺。その遠方に江戸城がかすかに見える。

江戸城（日本大学芸術学部蔵）

江戸城の蓮池巽三重櫓を左に寺沢二重櫓方向のお堀を望む。蓮池巽三重櫓は明治3年（1870）の火災で焼失した。

江戸城から見た風景（横浜美術館蔵）

江戸城内堀（厚木市郷土資料館蔵）

江戸城の濠（長崎大学附属図書館蔵）

坂下門と本丸辰巳三重櫓（厚木市郷土資料館蔵）
写真左より江戸城の坂下門、富士見櫓、蓮池辰巳三重櫓が見える。明治３年（1870）の火薬庫の爆発により正面の多門壕と蓮池辰巳三重櫓は消失したが、万治２年（1659）再建の富士見櫓は現存している。

江戸城（横浜美術館蔵）

外桜田門（厚木市郷土資料館蔵）
この桜田門前で安政7年（1860）、大老井伊直弼が水戸・薩摩浪士らに暗殺された「桜田門外の変」の場所である。

江戸遠景（厚木市郷土資料館蔵）

外堀（横浜美術館蔵）
神田川沿いの市兵衛河岸か。江戸時代、物資搬送のために造られた荷揚げ場で、明治以降、ここに東京砲兵工廠の荷揚げ場ができた。

増上寺文昭院勅額門内側（厚木市郷土資料館蔵）
豪華な彫刻で飾られていた徳川第６代将軍家宣霊廟文昭院の勅額門内側。東京大空襲で焼失したため貴重な写真である。

増上寺（厚木市郷土資料館蔵）
徳川第６代将軍家宣の霊廟文昭院の勅額門を内側から撮った写真。

増上寺（厚木市郷土資料館蔵）
芝増上寺の手水舎（左）と御霊殿拝殿入り口の門の回廊部分（右奥）。

増上寺有章院勅額門内側（厚木市郷土資料館蔵）
徳川第７代将軍家継霊廟有章院の勅額門の内側。

増上寺将軍霊廟（厚木市郷土資料館蔵）
有章院霊廟勅額門正面にある左右に回廊がつく御霊殿拝殿入り口の門である。左右廊花狭間の装飾が豪華である。

増上寺有章院勅額門内側（横浜美術館蔵）

増上寺（横浜美術館蔵）

増上寺有章院霊廟の建物の左部分。

増上寺有章院鐘楼

（厚木市郷土資料館蔵）

徳川家霊廟御霊殿拝殿前庭の鐘楼には豪華な彫刻が施されていた。

増上寺宝塔

（長崎大学附属図書館蔵）

増上寺の江戸幕府第７代将軍徳川家継の宝塔である。徳川家の家紋葵の紋がよく写っている。この宝塔は石造りのため現存している。

大大名の邸宅（日本大学芸術学部蔵）
ベアトの解説シートには「熊本藩江戸屋敷」または「細川家中屋敷」とあるが島津家の追想録「しうゆき」には三田薩摩屋敷（芝邸）とされている。

有馬屋敷（横浜開港資料館蔵）
写真左は筑後久留米藩有馬氏江戸上屋敷跡、右は秋月藩黒田家江戸上屋敷跡、数人の侍と突き当たりが元神明。このあたりには織田家・淡路島津家・隠岐松平家などの大きな大名の屋敷があった。

浜御殿（厚木市郷土資料館蔵）

将軍家の鷹狩り場であったこの地は、浜離宮・浜御殿・浜離宮恩賜庭園と名前は変わったが、将軍家・天皇家・東京都民に利用された庭園である。中央の池は海に面しているため海水の魚が泳いでいる。

江戸の永代橋（横浜開港資料館蔵）
隅田川下流より永代橋を望む。

両国からみた柳橋（長崎大学附属図書館蔵）
両国側から隅田川を挟んで神田川の河口、柳橋あたり。この地は江戸時代に徳川幕府が設置した米蔵「浅草御蔵」の地域で武家屋敷が多かった。

浅草寺（厚木市郷土資料館蔵）
浅草雷門を抜けて仁王門（左）と五重塔（右）を望む。現在、この写真の仁王門・五重塔は戦災で消失したが、再建されている。

愛宕山の裏手（厚木市郷土資料館蔵）

愛宕山（東京都港区）の裏手の頂上には時を告げる鐘楼が、また麓の家の前には十数人の男たちがカメラを見つめるように写っている。

十二社の滝（厚木市郷土資料館蔵）

現在の東京都庁舎の近くの新宿中央公園内にある熊野神社の熊野の十二社滝を撮影。十二社の大滝は、「江戸名所図会」や「江戸砂子」などに熊野の滝・萩の滝と記された滝である。現在は滝はなくなっているが、高層ビル群の憩いの場となっている。

梅屋敷（横浜美術館蔵）

現在の大田区あたりの梅屋敷は、江戸時代には安藤広重の「名所江戸百景」にも描かれ、梅や桃の花が咲き、休憩できる茶屋があったようだ。

王子の茶屋（厚木市郷土資料館蔵）

寛政年間（1789～1801）開業の音無川（石神井川）の端に建つ王子の料亭扇屋の明治初期の写真。川の左は扇屋の庭園で音無川に釣り糸を垂らしている男性がいる。

根岸の神社（横浜美術館蔵）
横浜市磯子区西町にある根岸八幡神社であろうか。

品川沖（横浜美術館蔵）
東海道品川宿の北の端、現在の八つ山橋付近から東京方面を写した写真である。手前の道は東海道であろう。

高輪東禅寺（長崎大学附属図書館蔵）

港区高輪の東禅寺の山門。幕末から明治にイギリス公使館が置かれていた。このころ攘夷派の水戸浪士や松本藩藩士伊藤軍兵衛などによる２度にわたる襲撃事件があり公使館員が死傷している。

長応寺のオランダ総領事館（長崎大学附属図書館蔵）

オランダは当初長崎の出島を本拠地としていたが、江戸での公館として長応寺（港区高輪・泉岳寺近くにあった）を利用していた。長応寺は厳重に警護されていた。この写真の当時はスイス使節が滞在していた。

横浜居留地のパノラマ（横浜開港資料館蔵）
横浜居留地と湾内上の四国連合艦隊。

横浜（横浜美術館蔵）
横浜の山手より吉田新田（横浜市中区・南区）を望む。写真中央の大きな建物は建設中の横浜製鉄所である。横浜製鉄所は慶応元年ころに幕府がフランスと提携し、軍艦修理や製鉄加工を目的として現在の横浜市中区吉浜町に設立開業した。

横浜（横浜美術館蔵）

文久３年（1863）夏の横浜のパノラマ（横浜開港資料館蔵）

文久３年（1863）夏の横浜全景（横浜開港資料館蔵）
上の写真の右側をアップ。

文久３年（1863）夏の横浜のパノラマ（横浜開港資料館蔵）

文久３年（1863）夏の横浜全景（横浜開港資料館蔵）
上の写真の左側をアップ。

宮ヶ瀬の谷（厚木市郷土資料館蔵）
神奈川県の中津川が流れる宮ヶ瀬の谷を撮影している。現在は宮ヶ瀬ダムが造られ、ベアトが夏の暑さを逃れて涼んだ、白く水しぶきをあげて流れる宮ヶ瀬の谷の風景は見られなくなっている。

野毛山から見た横浜（厚木市郷土資料館蔵）
写真手前は横浜の野毛町で、中央の長屋造りの建物は神奈川奉行所の役宅（官舎）。対岸は入船町。

フランス山からの横浜居留地（長崎大学附属図書館蔵）
フランス山は幕末から明治８年（1875）にかけてフランス軍が横浜に駐屯したところで、軍兵舎と写真にみられるような砂利道と花壇が造られていた。

横浜の運河と山手（長崎大学附属図書館蔵）
横浜居留地から運河の堀川上流を望む。

不動坂からの根岸湾（厚木市郷土資料館蔵）
幕府は文久２年（1862）の生麦事件にこりて、元治元年（1864）に山手から南の丘や谷を巡る遊歩道を造り、外国人の足を東海道から遠のかせた。地蔵坂上から山元町を抜け、根岸競馬場を廻った遊歩新道は、この写真左手の不動坂から右手の海岸線に出る。この不動坂からの美しい根岸湾・根岸村の家並みは、外国人たちを魅了した。

横浜の競馬場（横浜美術館蔵）
横浜市中区に存在した競馬場で、根岸競馬場とも呼ばれていた。外国人居留地の人たちの娯楽として設立されていた。

横浜の運河埋め立て地

（厚木市郷土資料館蔵）

ベアトによる 1865 年 9 月 7 日の書き込みがある。横浜外国人居留地背後の太田屋新田沼地を埋め立てた太田町の裏町らしい、雑然とした小舟や家屋、3 人の人物が写っている。

川崎大師の鐘楼（厚木市郷土資料館蔵）

真言宗智山派大本山金剛山金乗院平間寺が川崎大師の正式な寺名である。川崎にあるこの寺の鐘楼の石垣脇に後ろ姿の丁髷姿の男性が写り、今も祭りなどで見かけられる寄付金と氏名の記入された木の札が掲げられている。

鎌倉の鶴岡八幡宮一の鳥居（日本大学芸術学部蔵）

この鳥居は、寛文8年（1668）徳川4代将軍徳川家綱によって寄進された石造り明神鳥居で、高さは約8・5メートル。大正12年（1923）の関東大震災で倒壊したが、その後再建されている。子供たちの後ろに今はない二の鳥居がかすかに写っている。

鶴岡八幡宮階段（放送大学附属図書館蔵）
鶴岡八幡宮は鎌倉市雪ノ下にある神社。写真上の石段の上に本殿の門と回廊がある。石段の中腹に西洋人が2人、丁髷の男性が8人見える。

鶴岡八幡宮本殿（厚木市郷土資料館蔵）
写真左が鎌倉の鶴岡八幡宮本殿の楼門、その奥が正観音を安置していた六角堂。楼門には1人の人物・水桶、楼門前には座る人物・銅造石灯籠が数基写っている。現在は六角堂や銅造灯籠などは明治の排仏毀釈により取り壊されている。

鶴岡八幡宮大塔（厚木市郷土資料館蔵）
元治元年（1864）撮影と推定。屋根の最上部には青銅製の相輪があり、明治3年（1870）の神仏分離で解体される以前の撮影と推定される。

若宮大路（長崎大学附属図書館蔵）
若宮大路は鎌倉市の由比ヶ浜から鶴岡八幡宮への参道で、中央に鶴岡八幡宮の鳥居が見える。

鎌倉の大仏（日本大学芸術学部蔵）
階段下から鎌倉の大仏を写したもので、階段付近や大仏の下の部分に多数の人物が写っている。

鎌倉の大仏（厚木市郷土資料館蔵）

鎌倉市長谷にある大仏、高徳院の阿弥陀如来像である。大仏の座って組んだ足の中央あたり、左膝の上、右の灯籠の側などに丁髷を結った男の姿があるが、現在は大仏に上がることは禁じられている。

鎌倉（厚木市郷土資料館蔵）
鎌倉の長谷寺への参道。

戸塚（横浜美術館蔵）
東海道、日本橋から5番目、距離にして10里半（約42キロメートル）の宿場町戸塚宿の風景。

江の島の鳥居（日本大学芸術学部蔵）

写真左に小舟が写っている。海岸沿いに鳥居が立っていたのであろう。

江の島（部分）（日本大学芸術学部蔵）

江の島（日本大学芸術学部蔵）
江の島が引き潮により本土とつながっている。満潮時には
船に乗るか人に背負われて渡っていた。

寂光山龍口寺（日本大学芸術学部蔵）
神奈川県藤沢市片瀬は日蓮が処刑されそうになった龍口刑場跡に建つ日蓮宗の本山の山門。

KATASSE.

金沢八景にあった茶屋（千代本）（長崎大学附属図書館蔵）

九覧亭からの平潟湾（長崎大学附属図書館蔵）

現在の横浜市金沢区にあった九覧亭（見晴台）からの撮影。写真は平潟湾と中央の琵琶島弁天、その周辺の民家が写っている。このあたりは幕末、横浜からハイキングに行く外国人の行楽地として人気が高かった。

金沢八景遠望（長崎大学附属図書館蔵）
横浜市金沢区にあった風光明媚な海岸を撮影している。

箱根湯本温泉（横浜開港資料館蔵）
箱根湯本の清流沿いの通称七間屋。

塔ノ沢温泉（日本大学芸術学部蔵）
早川沿いにたたずむ塔ノ沢温泉は、古くから大名や著名人が数多く訪れる箱根七湯の一つである。

木賀遠景（横浜美術館蔵）
木賀温泉は箱根七湯の一つで、江戸時代には温泉奉行が置かれ、徳川家への献上湯となっていた。写真は中央に早川が流れ、左手より須沢川が注ぎ込む川沿いにある温泉地である。

宮ノ下温泉（横浜美術館蔵）

箱根宮ノ下温泉（日本大学芸術学部蔵）
箱根七湯の一つ宮ノ下温泉は、江戸時代には大名の湯治場として有名であった。

宮ノ下温泉と堂ヶ島温泉（横浜美術館蔵）
堂ヶ島温泉（下）と宮ノ下温泉（上）。堂ヶ島の中央の滝は調べの滝。滝の上が宮ノ下温泉。手前の崖に立つ人物は写真機材運搬の人夫らしい。

箱根堂ヶ島温泉（厚木市郷土資料館蔵）

右に早川、中央が薬師堂（夢想国師庵跡）。左の崖を流れるのが調べの滝か。滝の上に箱根宮ノ下温泉街があり、堂ヶ島温泉には近江屋・大和屋・江戸屋などの温泉旅館がある。

箱根神社と芦ノ湖（横浜美術館蔵）

箱根旧街道から芦ノ湖・屏風鳥居・小屋掛けを望む。

芦ノ湖（厚木市郷土資料館蔵）

芦ノ湖は神奈川県足柄下郡箱根町にある箱根山の噴火による堰止湖である。この写真はベアトが箱根峠から撮影したものである。

芦ノ湖畔の延命地蔵（厚木市郷土資料館蔵）

廃仏棄釈運動の被害を受ける前に芦ノ湖畔に祀られていた延命地蔵の写真である。拝礼する2人の人物が写されているが、庶民の祈りの場であったのであろう。廃仏棄釈後の現在は小田原市の徳常院に安置されている。

箱根宿（厚木市郷土資料館蔵）

東海道の箱根宿の風景。お茶漬け屋の看板が両側の家の軒下に何軒も掲げられている。よく見ると休憩しているのか、ベアトを見学しているのかたくさんの人物が写されていて、当時の賑わいがよくわかる。

宮ヶ瀬の風景（厚木市郷土資料館蔵）

中津川渓谷の宮ヶ瀬の風景である。木と土で造られた橋のたもとには、木でできた風呂桶で水（湯）浴びをする人物、それを給仕する女性の姿。順番待ちであろうか座っている人物も写されている。この宮ヶ瀬は、大山（雨降山）の登山口でもある。

須走より富士山（放送大学附属図書館蔵）
静岡県駿東郡小山町須走の集落と人々とその先の富士山を捉えたものである。

富士山のクレーター（横浜美術館蔵）
ベアトは、慶応３年（1867）オランダ公使ポルスブルックと富士山への登山をしているがその時のものであろうか。

富士山（厚木市郷土資料館蔵）
富士山が中央にどっしりと撮影されている。静岡県富士宮市村山あたりから富士山を遠望したものであろうか。

原町田（厚木市郷土資料館蔵）

原町田（東京都町田市）の幕末の街道風景。藁葺きや杉・檜皮葺きなどの家々、土埃のまいそうな道路、丁髷を結った人物が数人写され、のどかな街並みを捉えている。

富士山登山道（厚木市郷土資料館蔵）

正面の木々の間に藁葺き屋根が隠れ、その手前に木の祠の残骸のようなものが写っている。川に架かる橋には、左より軍服に丁髷の男、2人の女性、旅人であろうか2人の男性、駕籠かき人夫らしい3人が撮影されている。

飯山の橋（厚木市郷土資料館蔵）

厚木から宮ヶ瀬へ向かう道に架かる飯山の橋である。中央に大きな杉の木、右手に藁葺き屋根の２階建ての家とその縁側に座る人物、棒を持って木橋にたたずむ人物、木橋の端に座る人物などが撮影されている。

いつや
いつや
いつや
407
OYAMA.

小山の宿（長崎大学附属図書館蔵）
静岡県の東北側にある小山は足柄峠を越える東海道足柄路の交通の要所であった。それにより宿場町が発達した。正面に「いつや」と書かれた旅館らしき建物と右側に茶店が見える。

大山（横浜美術館蔵）
神奈川県の大山阿夫利（おおやまあふり）神社詣でに向かう大山街道沿いの風景であろうか。

厚木宿（厚木市郷土資料館蔵）

大山街道の重要な宿場町であった厚木宿の様子で、中央に水路が流れ、右の商店の看板には「一文字屋　薬種」と書かれた文字が読める。

厚木宿（放送大学附属図書館蔵）

右ページの厚木宿の写真をよって撮影したもので、中央の高いはしごには半鐘がついている。右の建物の看板には「江州彦根　生製牛肉漬」「薬種」と読めるが、右ページの「薬種」と書体が違っている。

八王子へ向かう道（放横浜開港資料館蔵）

駕籠が行く（放送大学附属図書館蔵）
東海道を行く旅人と松並木の風景。

小田原宿（放送大学附属図書館蔵）
小田原宿は本陣、脇本陣、旅籠屋が建ち並んでいた、その往来の賑やかさがこの写真に現れている。

神奈川台町の関門（厚木市郷土資料館蔵）
写真中央の木の柵が神奈川台町の関門である。このころ外国人殺傷事件が相次ぎ、警備体制強化のために幕府が設置したもので、東西の二箇所に設置されていた。

東海道松並木（厚木市郷土資料館蔵）

東海道（厚木市郷土資料館蔵）

東海道（厚木市郷土資料館蔵）

横浜と藤沢の間の東海道を坂の上から撮影したものである。徳川家康は、慶長６年（1601）東海道に宿駅の制度を設け、慶長９年には３６町に１里（約3.9km）ごとの一里塚をつくり、街道筋に松や榎などを植えた。その東海道の松並木をベアトが撮った写真である。

金閣寺（長崎大学附属図書館蔵）

京都・鹿苑寺（ろくおんじ）舎利殿、通称金閣寺。写真に写る金閣は応永５年（１３９８）の創建のものであったが、昭和25年（１９５０）の放火で全焼している。現在復元されている金閣は各階の屋根を支える柱がない。

西本願寺（長崎大学附属図書館蔵）

世界文化遺産京都西本願寺の阿弥陀堂（本堂）は宝暦10年（１７６０）再建の重要文化財である。東西42メートル、南北45メートル、高さ25メートル、入母屋造り、本瓦葺きの本堂である。

銀閣寺（長崎大学附属図書館蔵）

慈照寺、通称銀閣寺は長享3年（1489）足利義政が鹿苑寺の金閣舎利殿を模して造営した。室町時代後期に栄えた東山文化を代表する建築と庭園で国宝である。庭園は緑色の苔で覆われ京都有数の美しさを誇っている。

八坂の五重塔（長崎大学附属図書館蔵）

京都市東山区、法観寺の五重塔は、通称「八坂の塔」と呼ばれている。何度も火災で消失しているが、現在の五重塔は室町時代に足利義教により再建されたもので重要文化財となっている。写真の五層部分には現在はない屋根を支える柱が見られる。

大津の町並み（長崎大学附属図書館蔵）

大津は世界文化遺産の延暦寺・園城寺（三井寺）・日吉大社などの史跡があり、琵琶湖の主要港湾でもある。また江戸時代には東海道の宿場であった。写真は大津の町並みと琵琶湖を望む明治初期撮影のものである。

琵琶湖の風景（横浜開港資料館蔵）

写真は琵琶湖に浮かぶ井伊家の家紋のついた屋形船、琵琶湖に糸を垂れ釣りをする若侍と供のものか数人の人物。この数年前の、彦根藩主井伊直弼の桜田門外の変勃発が感じられないような風景である。

淀川（長崎大学附属図書館蔵）
淀川に浮かぶ船を引く人物が、荷揚げに便利な雁木（がんぎ）上に見られ、川の中央に難波橋が架かる。

大坂（横浜美術館蔵）
幕末の大坂の川と川沿いの建物。

長崎のパノラマ（横浜開港資料館蔵）
妙行寺付近から出島に向って居留地と長崎港を広く撮らえたパノラマである。

南山手からの大浦居留地（厚木市郷土資料館蔵）
上のパノラマの一部分がアルバムに貼られたもの。

出島遠景（横浜開港資料館蔵）
長崎のオランダ人居留地出島の洋館と、手前の新地蔵。

大黒町および出島と長崎湾口（長崎大学附属図書館蔵）

幕末から明治３年（1870）ころの撮影。長崎市の立山から長崎市街地北部と長崎湾口を撮影した写真。写真左中央が出島、その手前が長崎奉行所の北役所の建物。

出島とロシア人居留地（長崎大学附属図書館蔵）

慶応元年（1865）６月の撮影。写真手前より新地蔵、出島、海をへだててロシア人居留地。

鍋冠山からの長崎港（長崎大学附属図書館蔵）
大浦居留地、出島、対岸、長崎湾北部、長崎湾上の多数の船。慶応年間（1865～67）の長崎の賑わいが見てとれる写真。

大浦川と居留地（長崎大学附属図書館蔵）
元治元年～慶応2年（1864～6）ころの撮影。大浦川下流から上流を望む。川の両岸には洋館が建ち並んでいる。

和船（厚木市郷土資料館蔵）
入江に浮かぶ和船と働く人が写っている。

長崎の波止場（横浜美術館蔵）
稲佐側から出島と居留地を望む。

長崎遠景（横浜美術館蔵）
ベアトは長崎の人口密度の高さを、この写真の墓地と長崎市内の建物で表現しようとして撮影したもようである。

興福寺の鐘楼（長崎大学附属図書館蔵）

長崎市寺町にある東明山興福寺の鐘楼。2階建てで、上階は梵鐘を吊り、太鼓を置き、階下は禅堂として使用された。軒廻りは彩色された彫刻で装飾されており、木部は朱丹塗りで高欄つき、千鳥破風を有する。

大音寺の鐘楼（長崎大学附属図書館蔵）

長崎市寺町にある大音寺境内の鐘楼とその傍らの僧侶と武士、従者。

春徳寺の墓地（厚木市郷土資料館蔵）

長崎の春徳寺の墓地。

興福寺開山堂と麹屋町（厚木市郷土資料館蔵）
元治元年（1864年）ころの長崎の風景。中央の山は風頭山、正面の寺は興福寺開山堂。左右の建物は麹屋町。街の道路の中央は石畳で舗装され、突き当たりの寺町通りに石段で結ばれており、興福寺の周りの斜面にはたくさんの墓石が立っている。

大音寺本堂（厚木市郷土資料館蔵）
長崎の寺町の大音寺本堂。僧侶と武士、本堂に手を合わせる４人の男（従者か）が撮影されている。

グラバー邸（長崎大学附属図書館蔵）

眼鏡橋（長崎大学附属図書館蔵）
長崎の中島川に架かる眼鏡橋は、重要文化財に指定されている、わが国最初の唐風石橋である。長さ23・2メートル、幅4・7メートル、橋面までの高さ5・46メートル、中央に束柱のあるアーチ形石橋である。

中島川風景（厚木市郷土資料館蔵）
日本の写真術の先駆者上野彦馬邸の前あたりから対岸を撮影。元治元年（1864）、このころベアトは上野彦馬宅に滞在していたものと推測されている。中央を流れる中島川（銭屋川）の左岸に見えるのが伊良林の水神社の森で、江戸時代に上水道として利用されていた。

高鉾島（厚木市郷土資料館蔵）
長崎の湾口を撮影したものである。写真中央の左の小さな島が高鉾島。高鉾島は、外国船が長崎港入り口の目印とされていた島でパッペンバーグと呼ばれた。幕府は湾内に向かう位置に砲台をすえていた。

〈幕末日本の風俗〉

明治元年（1868)、フェリーチェ・ベアトは各地で捉えた景観写真と日本のさまざまな階層、職業の人々の風俗写真に日本人絵師による手彩色を施した写真を貼付した写真を発表した。この写真群には、イギリス横浜駐屯軍の兵站将校J・W・マレーによる解説が加えられて『写真で見る日本：数年にわたる滞在に基づく知識と信頼できる情報源による歴史観で編纂された解説付き』として刊行された。

日本の視覚情報を世界に発信する輸出産業として明治中期に隆盛を極める「横浜写真」の元祖である。

ベアトの風俗写真は演出写真でありながら、ほとんどが実際その職業や階層に属した人物を撮影している。だからこそ、幕末日本の「原風景」が人物像のなかに息づき、現在の私たちにも強いインパクトを与えるのである。

ポートレイトの習作《（ママ）》（横浜美術館蔵）
文久3年～明治3年（1863～70）頃の撮影。

按摩（横浜美術館蔵）

女性（横浜美術館蔵）
海外の人たちに日本の女性を紹介するうちの一枚であろうか。

人足（横浜美術館蔵）
当時、土手や道路の工事や補修に人足が活躍した。

若い侍（国際日本文化研究センター蔵）
宇和島藩伊達宗城の３男で、のちの中津藩主奥平昌遇（まさゆき）。

火消し装束の役人（横浜開港資料館蔵）
写真右の侍の火事装束は、火事頭巾・革羽織・胸当を身にまとい提灯を手に持っている。普通革羽織には金糸の縁取りや彩色が施されていた。

二人の僧（横浜美術館蔵）

托鉢の尼僧（横浜開港資料館蔵）
尼僧は各地を托鉢して歩いた。また山伏と夫婦になり祈祷や託宣を行った。

大道芸人（横浜開港資料館蔵）
大道芸人は路上で見世物・手品・漫才などの芸をして投げ銭を貰って生計をたてていた。

薩摩藩と佐土原藩の武士たち（横浜開港資料館蔵）
文久３年（1863）の薩英戦争の和平交渉のため横浜に派遣されたときに撮影。生麦事件を発端とする薩英戦争では、鹿児島湾で英国艦隊と薩摩軍が砲撃戦を行い、大激戦の末、薩摩軍は敗北。その交渉役にあたったのが薩摩藩とその支藩である佐土原藩の武士たちである。

夜警の役人たち（横浜開港資料館蔵）
上の写真と同じ場所で撮影されている。攘夷派の武士たちによる外国人襲撃事件が相次いで起こったため幕臣のなかから、武芸に秀でた者を外国御用出役とし、登用して外交官の護衛にあてた。

ポルスブルックと警護の武士たち（長崎大学附属図書館蔵）
（ボードインコレクション）。外国人の右がオランダ総領事ポルスブルック。隣りは一等書記官メットマン。その隣りはオランダの衛士がいる。

巡礼の親子（長崎大学附属図書館蔵）
「鉢叩き」と呼ばれた巡礼の物乞いの写真で、各家々を廻り、腹の前の鐘を叩いて読経してお布施をもらった。

3人の女（横浜美術館蔵）

お茶と煙草でくつろぐ女性たち（長崎大学附属図書館蔵）
「お茶と煙草後の日本人女性のグループ」と題された写真で、
上野彦馬の写場で撮影されたものらしい。

強力（放送大学附属図書館蔵）
木で造られた背負子でたくさんの荷物を運んでいる。

馬で行く（放送大学附属図書館蔵）
丸に十の島津家の家紋に御用の文字を書いた荷札をつけた馬に、旅支度の武士が乗り、供の者が手綱を引いている。馬の足にはわらじがつけられている。

馬に乗った侍（国際日本文化研究センター蔵）
写真で見る馬は、現在のように馬体が大きい西洋馬ではなく、全体にずんぐりした体形の日本在来馬である。

踊り子（放送大学附属図書館蔵）

日本の婦人（長崎大学附属図書館蔵）
「日本人婦人（かささん）、63年9月」と記されたベアト撮影の写真。

原宿の庭（厚木市郷土資料館蔵）
東海道原宿（沼津市）の日本庭園での撮影である。羽織袴の武士が２人、日本髪に着物姿の武家の妻子風女性が４人写っている。

農家の子供たち（横浜開港資料館蔵）
子供たちのなかには裸足の子もいるが、比較的裕福な農村の子供たちに見える。

脈をとる医者（長崎大学附属図書館蔵）
文久3年（1863）の撮影。『ボードインコレクション』に収録されている写真。

子供を背負う女性（長崎大学附属図書館蔵）
子供は家紋入りの着物を着ている。裕福な家庭の子守であろうか。

食事風景（長崎大学附属図書館蔵）
丁髷を結った男性が一人用の膳で食事をし、女性が給仕をしている。一人用の箱膳は外国人には珍しがられたという。

古道具屋１（長崎大学附属図書館蔵）

床屋（長崎大学附属図書館蔵）

男性の床屋は月代（さかやき）剃り、顔剃り、耳掃除、髪の結い直しなどである。仕事場が床であったことから「床屋」の呼称となったといわれる。

古道具屋２

（長崎大学附属図書館蔵）

右の古道具屋と同じセットであるが、人物の位置や道具を置き換えている。

箱火鉢と女性たち（長崎大学附属図書館蔵）
当時は冬の暖房に箱火鉢が使われていた。箱火鉢に木炭を入れ、五徳を乗せて鉄瓶ややかんで湯を沸かしお茶などを飲んだ。この暖房では寒いのか３人の女性はずいぶん厚着をしているようだ。、

箱火鉢（長崎大学附属図書館蔵）
長火鉢は江戸時代に普及した木炭を使った暖房具。五徳に鉄瓶ややかんを乗せて湯を沸かした。

箱火鉢と娘（長崎大学附属図書館蔵）

バックの屏風絵から左右このすべてのページ写真が同じスタジオで撮影されたものである。

お茶を入れる女性たち

（長崎大学附属図書館蔵）

この写真にも前ページ上と同じ屏風、土瓶、モデル、箱火鉢が使われている。

長崎奉行（長崎大学附属図書館蔵）
ベアト撮影の服部常純。文久３年（1863）長崎奉行となる。長崎開港後の治安維持や外国人保護、長崎港の警備につとめた。のち若年寄となり、維新後は明治政府に出仕した。

榎本武揚（東京大学史料編纂所寄託）
昌平黌、中浜万次郎塾、長崎海軍伝習所等で学ぶ。安政5年（1858）、軍艦操練所教授を経、文久2年（1862）、オランダ留学生として航海術・砲術・造船術・機関学・国際法などを学ぶ。慶応2年（1866）、オランダで製造した開陽丸に乗船し、帰国。その後、海軍副総裁をつとめる。

山田顕義《あきよし》（東京大学史料編纂所寄託）

長州藩士。松下村塾の吉田松陰に学ぶ。文久2年（1862）、高杉晋作、久坂玄瑞らと長州藩の内乱に参戦。元治元年（1864）、蛤御門の変（禁門の変）、四国連合艦隊との馬関戦争に参戦。慶応4年（1868）の鳥羽・伏見の戦いをはじめ戊辰・箱館戦争、佐賀の乱、西南の役にも参加。明治新政府では、司法相として活躍。また、日本大学・國學院大学を設立した。

副島種臣（東京大学史料編纂所寄託）
佐賀藩士。藩校致遠館の教授をつとめ、長崎でフルベッキに英学を学ぶ。維新後、福岡孝弟と政体書を起草。慶応3年（1867）大隈重信と脱藩。明治4年（1871）外務卿に就任し、マリア・ルース号事件の折衝にあたり活躍。明治5年松方正義内閣の内務大臣をつとめた。

清水清次のさらし首（長崎大学附属図書館蔵）

元常陸谷田部藩士清水清次は、元治元年（1864）間宮一らと鎌倉鶴岡八幡宮前でイギリス人士官ボールドウィンとバードを殺害。後、捕らえられ処刑された。その清水清次のさらし首である。

処刑場（横浜美術館蔵）
明治初期の磔とさらし首。

傘を差す女性たち（長崎大学附属図書館蔵）
写真の傘は、江戸時代に庶民の実用品として使用された小ぶりの番傘である。

薩摩藩士たち（長崎大学附属図書館蔵）

青銅の仏像と町人（長崎大学附属図書館蔵）
縁側に腰を掛け仏像を見上げる丁髷の男と青銅の仏像。

酒匂川の蓮台渡し（東京都写真美術館蔵）

グラバー庭園のグラバーたち（長崎大学附属図書館蔵）
グラバーはスコットランド出身の商人。開港まもない長崎に住み、幕末の日本に多大な影響を与えた。写真は長崎市南山手町のグラバー庭園での撮影。

ねずみ島のピクニック（長崎大学附属図書館蔵）
外国人が長崎市小瀬戸町のねずみ島（皇后島）へピクニックに出かけた時の撮影。

日除船（日本大学芸術学部蔵）
小舟に屋根をつけた船は、日除船または屋根船と呼ばれ、特別大型で豪華な船を屋形船と称し区別した。

狩り（日本大学芸術学部蔵）
小舟に乗って、水鳥を狩りに行くのであろうか。ベアトの助手ウーレットほか数名の外国人たちと、船頭と案内人か数人の日本人が乗っている。

史料からみるベアト写真

天野圭悟（初期写真研究家）

●はじめに

一八六三年（文久三）に来日したF・ベアトは、それまでの戦争や戦乱後の風景といった殺伐としたものだけでなく、日本の日常風景やポートレイトを数多く撮影している。しかし、そのほとんどは目にした光景そのものではなく、撮影者であるベアトによって再構成された写真である。したがって、今それを見ると、ちょっと異様で、何となく嘘っぽくも見えてくる。

そうだとすれば、ベアトが撮影したポートレイトの多くは日常の風俗ではなく、すべてが当時の風俗から逸脱した「造られた」ものと考えなければならないのであろうか。そこに当時の日本の風俗を見出すことはできないだろうか。

本項ではベアトの撮影したポートレイトのなかから数枚をとりあげ、江戸時代の史料をも参照しながら、はたしてベアトの写真は造られたものでしかないのか、それとも彼なりの意図で、当時の日本の風俗の一端を写しとっているといえるのか、検討を加えたい。なお、写真のキャプションは写真の所蔵館のものに準じた。

●「相撲取」

はじめに「相撲取」について見てみよう。この写真はスタジオ内で撮影されたもので、力士

相撲取（横浜美術館蔵）
相撲は五穀豊穣や無病息災を願って神前に奉納される神事であった。

四人、行司一人、年寄が二人という構成になっている。しかも相撲を取っている場面ではなく、土俵入りの場面である。しかし実際の土俵入りはこのようなかたちで行われることはなく、不自然で少し滑稽にも見える。このなかには、明らかにベアトの意思が入り込んでいるといわざるをえない。

それではすべてが「造られた」ものなのであろうか。この時代の相撲の錦絵には力士・行事・年寄が描かれることも多く、ベアトの写真に、力士だけでなく、行事や年寄が入っていたとしても不思議はない。また、四人の力士のうち、二人が太刀持ち、残る二人が土俵入りをしているが、右の力士は現在の「不知火型」、左の力士は現在の「雲竜型」の土俵入りの形を表現している。

ベアトは、「相撲」というものを説明するために、「相撲」を構成するすべての要素を、この一枚の写真のなかに入れようとした。そのため、結果的に不自然な構成の写真になってしまったが、すべてが「造られた」ものではなく、むしろ、力士の化粧まわしや行事・年寄の姿な

合わせ鏡（長崎大学附属図書館蔵）
既婚女性が、日本髪の結い具合を合わせ鏡で見ている。鏡は2枚重ねで収納する。

どは、当時の相撲の様式を表しているといえるのではないだろうか。

●「合わせ鏡」・「髪結い」

次に「合わせ鏡」「髪結い」という写真について見てみる。

どちらの写真も、一見、庶民の日常の風俗を撮影しているように見える。しかし、いずれもカメラとの距離を考えると、こんな大きな部屋に住んでいるとは考えにくく、スタジオに道具をいれてセットを組んで撮影したものと思われる。そのためセットの作り込みなど、ベアトの意思を反映した写真になっているが、これらの写真は、すべてが当時の風俗とは違う「造られた」ものなのであろうか。

安永九年（一七八〇）に発行された『絵本操節草』という本に「合わせ鏡」と「髪結い」の図がある。この『絵本操節草』(【史料 1】)には、江戸時代の中流階級の女子の風俗が描かれており、本文には、

其人《その》の親《したし》む

髪結い（長崎大学附属図書館蔵）
女性の髪を結う女髪結いは、櫛などの道具を持って遊郭や各家を訪問し、遊女や女性の髪を結った。江戸時代から働かないで妻の収入で暮らす亭主を「髪結いの亭主」と呼んでいる。

輩《ともがら》をミて知《し》る
という事、寔《まこと》に
はづかしき事也
家《いへ》を乱《みだ》す
女はかたましく
気随《きずい》なる
事《こと》を
好《この》むといえば
朝夕《あさゆふ》ミづから
こころをかえり
見て、あしきを
さり、善《よき》にう
つりすすむべし
五常《ごじやう》の理《り》を
うけて生《むま》れ
たりと
いへとも

と『女今川』の一部も引用されている。

「女今川」は江戸前期に書かれた絵入り・仮名書きの本で、女子の教訓書として、広く一般庶民の間に流布し、女性の文字の手本としても

【史料1】「絵本操節草」（『日本風俗図絵』第8巻）

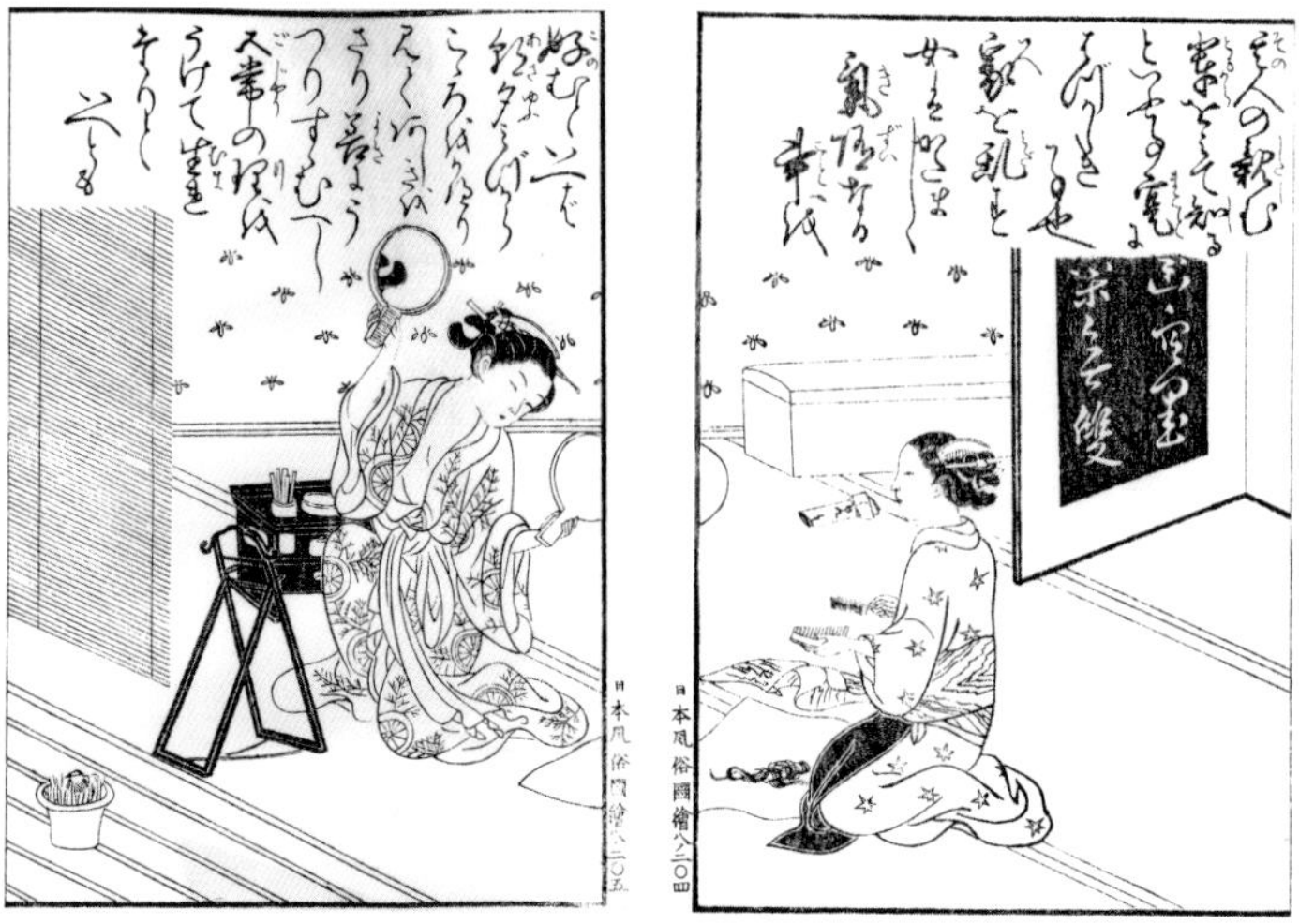

使用されたものである。このことも考えあわせると、この『絵本操節草』には、標準的な江戸時代の風俗が描かれていると考えていいだろう。

さて、この『絵本操節草』中、左側の鏡を持った女性とベアトの撮影した「合わせ鏡」の女性は、同じようなやり方で鏡をもって後ろ髪を見ており、ベアトは「合わせ鏡」をする女性の姿をそのまま撮影していたことがわかる。また、髪結いの女性も、ベアトの撮影した「髪結い」の女性と同じような姿をしているので、これもまた、髪結いの女性が実際に髪を結っている所を、そのまま撮影したものと考えていいだろう。

このように、「合わせ鏡」と「髪結い」はいずれもベアトがセットを作って撮影した写真ではあるが、全てが「造られた」ものではなく、女性たちの実際の姿を写しとったものであることがわかった。

●「纏を持った火消」

最後に「纏を持った火消し」について見てみる。この「纏を持った火消し」には、六人の火消しとともに纏・竜吐水など火消し道具が写っている。また、纏には「商」とあり、羽織にも「商組」とあるので、この火消したちが「商組」に所属していることもわかる。

しかし、ベアトの意思のもと、火消しの道具を数多く並べ、いろいろなスタイルの火消しを配置して撮影したために、どこか窮屈で、不自然な印象を与え、いかにもベアトの「造った」ものに見え、何か嘘っぽい感じさえしてくる。

しかし、この「商組」を史料から見てみるとどうだろうか。江戸火消しの組織に「商組」はない。しかし、ベアトが本拠地としていた横浜にも、明治元年（一八六八）には火消しが組織

纏を持った火消し（横浜開港資料館蔵）

江戸時代は武士と町人の火消しに分かれていた。消化活動で纏は各町内の目印として扱われた。「商」と入った纏は外国商館組、横浜外国人消防隊日本部隊。右の箱は竜吐水（りゅうどすい）と呼ばれ水を貯めて放水する道具である。

されていたことは、横浜野毛の版元佐野屋冨五郎が摺った『新版改正横濱纏頭取附』によって確認できる。【史料2】

この錦絵には本町五ヶ町・弁天通五ヶ町などを担当区域にしていた「本組」や境町三ヶ町や駒形町三ヶ町を担当区域にしていた「ヨ組」などと並んで「商組」について記述がある。

これによれば、「商組」は、その担当区域が外国人屋敷（外国人居留地）一円で、頭取は万吉という男、人足が百人いることもわかる。また、この史料からは、纏の形や羽織の柄なども確認することができるが、それはベアトの写真のなかのものと一致する。ベアトは横浜居留地に「F.Beato & Co.,Photographers」を建てて活動をしていた。その担当区域から考えて、「商組」の火消したちは、ベアトにとっても身近な存在であったかもしれないし、また、彼らが実際に火消しとして活躍する姿を見たことがあったかもしれない。

このように、ベアトの写真に写っている人々は実際に存在した人々であり、それは決してベアトが「造った」ものではなく、その姿形や道具も、当時の風俗そのものであったということができるであろう。

●おわりに

このようにベアトが撮影したものは決して当時の風俗から逸脱した「造られた」ものなのではない。むしろ彼は、当時の日本の風俗を忠実に撮影しようと考え、力士や髪結い、火消しといった、実際にその職業に従事している人たちをモデルとして使ったのである。忘れてはならないのは、ベアトがこれらの写真を、日本人向けにではなく、外国人向けに撮影したということである。ベアトは、実際に見たことのない外国人にも理解できるようにという配慮から、一つの職業に携わるいろいろな人や道具をできるだけたくさん写そうと考えたのではないだろうか。その結果、私たちにとっては少し滑稽な写真が撮影されていったとしてもやむをえないことだったのかもしれない。

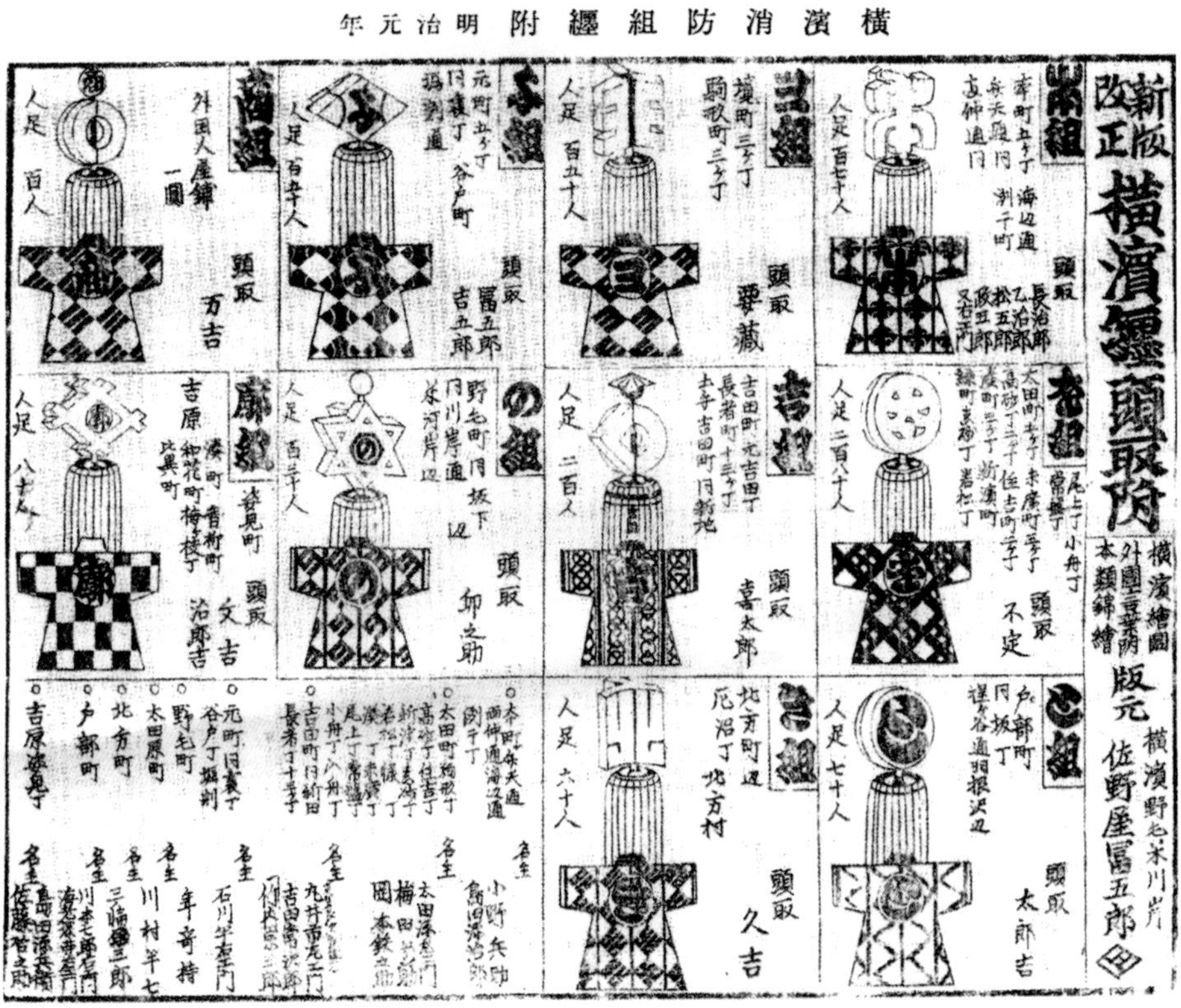

【史料2】『新版改正横濱纏頭取附』（『横浜市史稿』）

参考図書
『F・ベアト写真集1』横浜開港資料館編（明石書房　2006）
『F・ベアト写真集2』横浜開港資料館編（明石書房　2006）
「横浜の消防」編纂委員会編『横浜消防の歴史』（横浜　加賀町消防団第3分団　2009）

下関戦争とフェリーチェ・ベアト

田中里実（日本大学芸術学部写真学科　専任講師）

「イギリス軍に
占拠された前田砲台」
（長崎大学附属図書館蔵）

●下関戦争

元治元年（一八六四）に起こった長州藩とイギリス、フランス、オランダ、アメリカ四カ国連合軍との衝突、通称下関戦争、または馬関戦争とも称するが、このとき、連合軍に従軍したフェリーチェ・ベアトが撮影した写真「イギリス軍に占拠された前田砲台」（本ページ）は、下関戦争の象徴的な写真として扱われる場合が多く、撮影したベアトの名前は知らなくとも、「この写真は目にしたことがある」という人は少なくないはずである。

まず、下関戦争とはどのような出来事であったのか、というところから始めたい。そしてベアトの写真「前田砲台」を解説するうえで、元治元年の下関戦

争を考慮しておく必要があるため、戦闘状況も含め進めていきたい。
攘夷の中心的な存在であった長州藩が、幕府が朝廷に約束した攘夷期限の日、文久三年五月十日（一八六三年六月二十五日）この攘夷期限を長州藩が拡大解釈して外国船に砲撃を加えたことが発端となり、同年にアメリカとフランス軍が長州を報復攻撃し、翌年（元治元年）、封鎖を続ける長州藩に対しイギリス、フランス、オランダ、アメリカの四カ国が再度長州藩の砲台を攻撃して関門海峡を自由に安全に通行できるようにしたことである。この元治元年の攻撃で外国軍から徹底的に叩かれた長州が、攘夷論から開国論に転換したことから日本史

横浜に集結した四国艦隊
（横浜開港資料館蔵）
元治元年（1864）撮影。下関遠征前の情景。鶏卵紙。

上重要な出来事として扱われている。以上が下関戦争の概要であるが、文久三年と元治元年の武力衝突を分ける考え方もある。

ベアトがかかわった元治元年の連合艦隊による長州藩攻撃に話を移すと、元治元年七月二十七日と二十八日（一八六四年八月二十八日と二十九日）の両日にかけてイギリス海軍キューパー中将を総司令官とする四カ国連合艦隊は、一七隻の艦船（一部は長崎から合流）、それに補給艦を加えて横浜を出港する。イギリスの外交官で、後に日本学者としても名を馳せる若き日のアーネスト・サトウが総司令官キューパーの通訳官としてこの作戦に従軍した。本稿の戦闘記録はアーネスト・サトウの著書『A Diplomat in Japan』をもとにしている。以後日時表記は西暦に統一する。一八六四年九月三日、現在の大分県沖にある姫島に艦隊は集結した。石炭などの燃料を補給艦から補充し長崎からの艦船とも合流、連合艦隊はここで完全に集結を完了し、九月四日午前九時全艦抜錨し長州攻撃に出撃した。このときの様子をアーネスト・サトウは旗艦のユーリアラスを先頭に八隻のイギリス艦を中央にしてフランス艦隊が左舷につき、オランダ艦隊が右舷について艦隊を組み航行する様子は壮観であったと書いている。午後三時半ごろ下関海峡入り口より二マイル（約三二〇〇メートル）のところで艦隊は一時投錨し戦闘準備に入る。九月五日午後四時ころ（三時ころともいわれているが）三隊に分かれて進軍を開始。北方から軽艦隊五隻が側面攻撃の為に位置につく。六隻からなる正面艦隊は前田砲台の沖約一六〇〇メートルの小倉側田ノ浦よりに投錨して艦を固定する。旗艦ユーリアラス他二艦が東南沖の二三〇〇メートル付近の位置につく。旗艦ユーリアラスからの第一弾が発射され、それを合図に全艦砲撃を開始した。連合艦隊の威力の前にはなす術もなく午後五時十分ぐらいにはすべての砲台が沈黙したので、「撃ち方止め」の合図がでた。当時の艦船からの砲撃は正確に着弾させるために船を固定する必要があった。正面艦隊は錨をおろして船を固定し砲撃を行った。午後六時まで散発的な攻撃が行われ、援護を受けながら二部隊が上陸し前田砲台の一五門のうち一四門を釘打ちして使用できな

下関に到着した四国艦隊（『横浜市史稿』）

くしている。この上陸の時間帯である午後六時ではベアトが用いた当時の写真技法である「湿板写真法」では撮影が難しい時間帯である。よってこの日にベアトが撮影したとは考えられない。九月六日は朝から長州の砲撃を受けたので、一時混乱したようであるが、すぐに艦隊を立て直し応戦して沈黙させた後、陸戦隊の上陸が始まる。このとき通訳官であったアーネスト・サトウも上陸する。陸戦隊を上陸させた後、十時ころに前田砲台制圧、さらに進軍しその他の弾薬庫兵舎、砲台を攻撃している。この日のうちに下関市街までの砲台を制圧した。七日、艦隊は彦島の砲台を攻撃し、陸戦隊を上陸させ砲六〇門を鹵獲し、下関における長州藩の砲台を完全に制圧した。この日で戦闘はほぼ終わり、八日には戦利品の回収などを行い、長州側からは講和の使者として高杉晋作を派遣した。戦争に勝った連合軍であったが、死傷者の数では連合軍のほうが多く、長州藩の死者は四七人、連合軍は六二人という結末であった。

前田砲台は一八六三年最初に砲撃を受けたと

2010年「前田砲台」
（日本大学芸術学部写真学科調査研究撮影）

長州の砲台（横浜開港資料館蔵）
占拠した砲台から撤収した長州の大砲を上陸用舟艇で運んでいる。

き、フランス軍に破壊されている。その後長州藩は上段と下段の二段構造にして強化を図った。一八六四年の時点では大砲一五門が並ぶ長州藩の砲台のなかでも最強といえるほどの砲台であった。それ以前は眺めが良いことから長州藩主の別荘があり、「前田茶屋」と呼ばれていた。それゆえに「前田茶屋砲台」という言い方をする場合もある。現在、この場所は中国電力の敷地となっているが、砲台跡の輪郭は残っており、下段は電線を扱う訓練所として使われ（写真上）、上段には中国電力の独身寮が建っている。

　さて、ベアトの下関戦争での行動を少し推察すると、先述したアーネスト・サトウの著書『A Diplomat in Japan』に、このとき旗艦ユーリアラス号に搭乗したもう一人の民間人（非戦闘員）がベアトであるという記述が登場する。このことからベアトは助手を連れて行かず、機材などの運搬及び助手はユーリアラス号乗船の軍人（下士官または水兵）を使ったと考えられる。アーネスト・サトウが六日の午前に上陸したことから考えれば、ベアトも一緒に上陸したのではないだろうか。夕方にユーリアラス号にアーネスト・サトウが帰還しようとした際の記述にベアトの名前が登場している。そこで軍の行動と戦場であることを考慮すればアーネスト・サトウとほとんど行動をともにしていた、または同じ戦闘区域または地区にいたと考えられる。残念ながら上陸した時点でアーネスト・サトウがベアトと行動をともにしたという記述はなく、しかも六日の昼食での記述にもベアトの名前は登場しない。つまりこの説は確実というわけにはいかないが、昼前後の時間帯は湿板写真撮影に絶好の時間帯であるのでベアトは忙しく撮影に専念していたと考えて

いる。
　六日は先述したように十時ごろに前田砲台制圧、さらに進軍しその他の弾薬庫、兵舎、砲台を攻撃している。とすればベアトはこの十時ぐらいから撮影準備を開始したはずである。「前田砲台」の撮影が六日である証拠は、写真後方の山裾に戦火の煙がまだ立ち上っているからである。この辺りは壇ノ浦砲台のあたりなので弾薬庫や兵舎が焼かれていると考えられる。大きな煙が立ち上っているのは戦闘後まもないということである。陸側の主な砲台は五日の攻撃と六日の攻撃で壊滅しており、七日の攻撃は彦島砲台が攻撃の中心である。五日では撮影ができないことは先ほど述べた通りなので、この写真は六日に撮影されたと断言してもよいであろう。しかも多くの兵士を写しているということは「勝

利の瞬間」という意味も込められているはずである。ここで注目する点は、六日に上陸したベアトは、艦砲射撃の結果、すでに散発的になったとはいえ長州藩がゲリラ的に攻撃してくる可能性のある戦闘状態のなかで、湿板撮影道具一式を抱えて上陸し、占領した前田砲台を撮影したということである。このことで現地調査から少し想像したことを記述すると、ベアトの写真のなかには前田砲台上段の写真（左ページ上）も残っている。上段の写真が存在することから現地でカメラを構えて検証を開始した時点では、最初上段を撮影、または下段を撮影したあと、カメラを反転して撮影したと考えていたが、実際には撮影位置を変えていた。同じような場所を撮影するのに位置をずらす意味が最初よく理解できなかったが、下段の写真（２０６ページ）が占領直後の六日の午前に撮影されていたと仮定すると、一つの可能性が浮上した。写真を見て右側が長州藩の兵士が退却した方向である。そして左側は海であるから味方の艦船がいるので敵の攻撃を受ける可能性は皆無である。それゆえに右側からはまだ敵の攻撃の可能性がある。そこで上段砲台の土手を敵弾からの防護壁として自身の身を守りながら撮影していたのではないかと仮定した。これはあくまでも想像でしかないが、現地調査を大型カメラで再現撮影してはじめて出てくる提案であり可能性であると考えている。その後も戦闘部隊と行動をともにし、夕方六時ごろまで陸上にいたベアトは現代の戦争カメラマンとほとんど変わらないような行動をしていた可能性がある。これは今までの湿板写真法で撮影された戦争記録写真の常識を超えたものである。湿板写真法での撮影の装備は現代の装備に比べるとかなりの重装備になり、とくにベアトが使用した10×12インチサイズのカメラでの装備であれば到底ひとりで持ち運べるものではない。その装備でまだどこから敵の弾が飛んでくる可能性のあるなかで撮影されたこの写真は、現代的な戦争報道の先駆けといっても過言ではない。それはベアトがクリミア戦争から始まった戦争写真撮影経験のある意味集大成であったのかもしれない。それゆえに記録を超えたものをこの写真に感じるのではないだろうか。

「前田砲台上段」（東京都写真美術館蔵）
写真に見る天保 15 年（1844）鋳造の長州砲はフランス軍が持ち帰り、パリのアンヴァリッド軍事博物館に 3 基保管されていたが、昭和 59 年に 1 基が里帰りした。

四国艦隊の代表者たち（長崎大学附属図書館蔵）
下関戦争終結後の策を相談するために集まったイギリス・フランス・アメリカの代表者たち。

最初期ベアトアルバムの史料学的考察

谷　昭佳（東京大学史料編纂所）

●ポルスブルックとダグラスのベアトアルバム

ベアトの来日時期を示すものとして確かなものは、英国人報道画家ワーグマン（Wirgman）が一八六三年七月十二日付けで、『イラストレイテッド・ロンドン・ニューズ』に送った「私の家は、私のスケッチや私の仕事仲間のB氏の撮った写真を見に来る日本人士官たちでごったがえしている」という記事である。

ベアトが日本で制作した写真アルバムのうち、最初期のものといえる確かなアルバムは、幕末期の駐日オランダ総領事ポルスブルック（Polsbrok）のコレクションにある、一冊の和装丁アルバム（現オランダ海洋博物館所蔵）である。アルバムを構成する写真は、近年の研究から一八六三年十月以前に撮影されたものであり、アルバム一頁の左端には、"No9 F Beato" とベアトが制作者であることを明確に示す手書きサインがある。現在までのところ、No.９より前のエディションナンバーをもつベアトの初期アルバムは見つかっていない。

ポルスブルックのNo.９ベアトアルバムと同じ和装丁のベアトアルバムが、ロンドンの日本協会に所蔵されている。アルバムのもとの持ち主は、イギリス艦船エンカウンター号の海軍中尉であったダグラス（Douglas）である。アルバムの一頁左端、ポルスブルックのNo.9アルバムにあるベアトのサインとまったく同じ位置には、"No10. F Beato"のサインがある。つまり、ポルスブルックとダグラスが所持していたベアトアルバムは、ほぼ同時期に制作されたNo.9と10の連番のエディションナンバーをもつ兄弟アルバムである。またダグラスのNo.10ベアトアルバムの表紙見返しには、"Yokohama Desember 20th 1863"の日付が記されている。エンカウンター号は一八六四年一月一日には中国の港に戻っているため、この日付は日本を離れる間際にダグラスがアルバムを入手したことを示唆しているといえよう。

これまで、この二冊のアルバムの存在は別個に知られており、所収されている写真のうちの何点かについては、既に内容が紹介されている。しかし、残念ながらエディションナンバーが続きであることや、アルバムの構成については知られていなかった。このことは、写真に写っている内容の読み解きを中心にした報告はこれまで繰り返し行われてきたが、アルバムというひとつの史料形態に対する史料学的な考察は行われてこなかったことの証といえよう。

●アルバムの構成

和製本の四つ目綴じで、同じ柄の赤い絹表紙を持つ二つのNo.9とNo.10のベアトアルバムは、外装とサイズ（約47・0×35・5×4・5センチ）はまったく同じであるが、そのなかにある写真の枚数と台紙数は異なっている。ポルスブルックのアルバムでは、台紙五六枚に写真六四点（一枚欠損台紙のみ。七枚はワーグマンとハートの絵の複写による）が所収されている。

一方、ダグラスのアルバムでは台紙四二枚に写真三九点（一枚欠損台紙のみ。一枚はワーグマンの絵の複写による）が収められている。写真のほかには、ワーグマンの彩色原画二点が、ベアトの写真に続いて張り込まれている。残念ながら、ワーグマンの原画前後四頁分は台紙ごと切り取られ欠損しているため、制作当時の正確な写真枚数と原画枚数を知ることはできない。また、写真頁の最後には、ベアトではない恐らくはイギリス軍人と思われる写真家による

写真も貼られており、アルバムの後半には空白頁が多く残されている。

　ポルスブルックとダグラスのアルバムにある写真全体を通覧して比べてみると、写真の枚数は異なるものの、その構成や写真配列が似通っていることがわかる。つまり、ポルスブルックのアルバム写真構成のなかから、部分的に写真を削除して制作されたものがダグラスのアルバムである印象を受ける。

●写真の配列

　二冊のアルバムはともに、一頁目には人物写真を配している。それらはアルバムの持ち主と何らかの関係がある人物写真である。ポルスブルックのアルバムでは、日本人医師が女性患者の脈をとっている演出写真を中心にして、ポルスブルック自身（蘭、左下）、フォンブラント（独、中央下）、ニール（英、右下）、プリュイン（米、右上）、ベルクール（仏、左上）、という一八六三年ころの西洋列強の駐日外交官を配した人物写真で構成されている。当時の政情不穏な日本と西洋列強との緊迫した関係が、脈をみている日本人医師と外交官らの写真により暗喩されているといえよう。一方のダグラスのア

ポルスブルックアルバムの一頁目（アムステルダム海洋博物館蔵／ＰＰＳ通信社提供）
左端中央に No9 F Beato のサインがある。

ルバムでは、一八六三年の薩英戦争時ころの駐日外交官と海軍司令官らによる集合写真を一頁目に配している。写真には、ダグラスの上官にあたるエンカウンター号のデュー艦長の姿も見えている。

　続く二頁目と三頁目には、両アルバムともにまったく同じ横浜のパノラマ写真二点が連続して配されている。二頁目のパノラマ写真には、“Panorama of Yokohama from the Bluff” と同筆跡の手書き写真タイトルが、両アルバム台紙右下の同じ位置に記されている。同様にほかの頁の写真右下にも、同筆の英文によるほぼ一致する写真タイトルが両アルバムに記されている。よって写真右下の写真タイトルは、アルバムを制作した作者、つまりはベアトが制作当時に記したオリジナルのタイトルと考えてよいであろう。さらに近年の赤外線撮影を利用した調査により、プリント裏にも同様のタイトルが書かれている写真があることが判明している。また、これらのオリジナルタイトルとは別に、アルバムの持ち主や写真を見た人物が、個人的な関連付けとして独自に付け加えたと考えられるキャプションも両アルバムの台紙余白に残されている。例えば、ダグラスのアルバムの一頁目の写真には、“Taken before the attack on Kagoshima,Prince Satsuma・s stronghold,1863” の手書きキャプションがある。ポルスブルックのアルバムには、仏語によ

愛宕山神社の石像（アムステルダム海洋博物館蔵／ＰＰＳ通信社提供）
主被写体である石像の周りに遠景景色が不自然に二重に写り込んでいる。コロジオン乾板の使用により、意図的ではない多重露光が起こったのではないだろうか。ベアトは一部の撮影に、すぐに現像しなくてもよいコロジオン乾板を使用していた、と後年の講演で語っている。

る表記も多く残されている。

四頁目以降の写真配列は、ポルスブルックのアルバムから四頁と五頁を抜いた六頁目の写真が、ダグラスのアルバムの四頁目の写真が同じ。ポルスブルックのアルバム七頁から九頁を抜いた一〇頁目の写真が、ダグラスのアルバムの五頁目の写真が同じになっている。その後も、ほぼ同じ配列傾向である。つまり、ポルスブルックのアルバムから一四枚の写真を差し引いたようなかたちで、ダグラスのアルバムが構成されていることが見てとれる。

●最初期ベアトアルバムの特徴

二つのアルバムを比較することにより、一頁目は顧客に関係が深い写真を貼り、その後はあらかじめ用意されている写真配列から必要なものを選び、必要ないものは削除していくことで注文者の求めるアルバムに仕上げていると推察できる。つまり、ベアトの日本における最初期に販売されたアルバムは、エディションナンバーが付与されているが、同じものをいくつも作製して販売する既製品ではなく、それぞれ顧客の要望に応えて注文制作するアルバムであったといえる。よって、それぞれのベアトアルバムにある写真からは、ベアトが見た一八六三年の日本の姿であると同時に、その写真を選んだアルバムのもとの持ち主たちの視線や興味の先を知ることができるのである。

一枚一枚の写真の読み解きではなく、アルバムというひとつの形態に仕立てられた写真群を考察することによって、当時の西洋人がどのような具体的イメージを日本に求めていたのかがより鮮明になるであろう。

江戸の細川家中屋敷（アムステルダム海洋博物館蔵／ＰＰＳ通信社提供）
ベアトの江戸での滞在先となっていた、オランダ公使館（長応寺）の近く伊皿子台（現在の港区高輪）にあった細川家中屋敷。同じ写真を有馬屋敷と紹介するものもあったが、台紙右下には、“place of Hosookawa Yedo”の手書きタイトルがある。

神奈川の街道（長崎大学附属図書館蔵）

天野圭悟（あまの けいご）
初期写真研究家。昭和48年(1973)、神奈川生まれ。法政大学大学院人文科学研究科修士課程修了。主要な研究テーマは近世文化史。東京都写真美術館インターン中に初期写真研究をはじめ現在に至る。講演会として「日本写真史における長崎」（長崎歴史文化博物館）を行った。

三井圭司（みつい けいし）
東京都写真美術館学芸員。昭和45年（1970）、東京生まれ。日本大学博士課程満期退学。主要な研究テーマは19世紀写真史。主著は『写真の歴史入門―第1部「誕生」新たな視覚のはじまり―』(新潮社、2005年)。2007年より全国の初期写真調査を元にするシリーズ展「夜明けまえ日本写真開拓史」を担当。2013年春に「東北・北海道編」を予定している。

谷　昭佳（たに あきよし）
東京大学史料編纂所 史料保存技術室 技術専門職員。植田正治写真美術館学芸員を経て2000年より現職。2007～2008年文化庁新進芸術家海外留学制度研修生としてオランダ・ライデン大学に滞在中、在欧日本関係19世紀写真史料の調査研究を行う。現在は、東京大学史料編纂所附属画像史料解析センター古写真研究プロジェクトメンバーとして、国内外での写真史料の調査研究にあたる。

著者紹介

監　修

小沢健志（おざわ たけし）

大正 14 年(1925)生まれ。東京国立文化財研究所技官、九州産業大学大学院教授などを経て現在、日本写真協会名誉顧問、日本写真芸術学会名誉会長。東京都歴史文化財団理事 1990 年に日本写真協会賞功労賞を受賞。著書に『日本の写真史』ニッコールクラブ、1986 年。『幕末・写真の時代』筑摩書房、1994 年。『幕末・明治の写真』筑摩書房、1997年。『写真で見る幕末・明治』世界文化社、2000 年、『写真明治の戦争』筑摩書房、2001年。

高橋則英（たかはし のりひで）

1978年、日本大学芸術学部写真学科卒業。日本大学芸術学部助手、専任講師、助教授を経て、2002年から日本大学芸術学部教授。専門領域は写真史、画像保存。近年は日本初期写真史の調査や研究を行う。技術史にも重点をおき日本初の実用的写真術コロジオン湿板法の実験等も行う。1991年から日本写真学会画像保存セミナーの運営にも関わる。

著　者

田中里実（たなか さとみ）

2005年日本大学芸術学部写真学科卒業、2007年日本大学大学院芸術学研究科博士前期課程映像芸術修了。現在は日本大学芸術学部写真学科専任講師。専門研究分野は「写真技法史」でテーマは「日本における湿板写真時代の研究と技術的復元」である。湿板写真技法復元による作品制作も試みている。

レンズが撮《と》らえた　F・ベアトの幕末《ばくまつ》

2012年11月20日　第1版第1刷印刷　2012年11月30日　第1版第1刷発行

監　修　小沢健志《おざわたけし》　高橋則英《たかはしのりひで》

発行者　野澤伸平

発行所　株式会社　山川出版社

〒101-0047　東京都千代田区内神田1-13-13

電話　03(3293)8131（営業）　03(3293)1802（編集）

http://www.yamakawa.co.jp/

振替　00120-9-43993

企画・編集　山川図書出版株式会社

印刷所　半七写真印刷工業株式会社

製本所　株式会社　手塚製本所

デザイン　有限会社　グラフ

ISBN978-4-634-15032-4

・造本には十分注意しておりますが、万一、落丁・乱丁などがございましたら、
小社営業部宛にお送りください。送料小社負担にてお取り替えいたします。

・定価はカバー・帯に表示してあります。